小学校国語科

言葉による見方・考え方を働かせる「読むこと」の授業づくり

―思考力・想像力・基礎力をはぐくみ
「深い学び」を実現する―

全国小学校国語研究所　編

明治図書

刊行に寄せて　言葉による見方・考え方

1　各教科等の特質に応じた「見方・考え方」

　平成28年12月の中央教育審議会「幼稚園，小学校，中学校，高等学校及び特別支援学校の学習指導要領等の改善及び必要な方策等について（答申）」（以下，「答申」という。）において，「見方・考え方」は，次のように示されている。

> ○子供たちは，各教科等における習得・活用・探究という学びの過程において，各教科等で習得した概念（知識）を活用したり，身に付けた思考力を発揮させたりしながら，知識を相互に関連付けてより深く理解したり，情報を精査して考えを形成したり，問題を見いだして解決策を考えたり，思いや考えを基に創造したりすることに向かう。こうした学びを通じて，資質・能力がさらに伸ばされたり，新たな資質・能力が育まれたりしていく。
> ○その過程においては，"どのような視点で物事を捉え，どのような考え方で思考していくのか"という，物事を捉える視点や考え方も鍛えられていく。（中略）
> ○こうした各教科等の特質に応じた物事を捉える視点や考え方が「見方・考え方」であり，各教科等の学習の中で働くだけではなく，大人になって生活していくに当たっても重要な働きをするものとなる。（中略）

　つまり，「見方・考え方」とは，各教科等の特質に応じた，物事を捉える視点や考え方のことである。

2　国語科における「見方・考え方」

　「答申」を踏まえ，平成29年3月に告示された「小学校学習指導要領」（以下，「新学習指導要領」という。）の国語科の目標は，次の通りである。

> 言葉による見方・考え方を働かせ，言語活動を通して，国語で正確に理解し適切に表現する資質・能力を次のとおり育成することを目指す。
> (1) 日常生活に必要な国語について，その特質を理解し適切に使うことができるようにする。
> (2) 日常生活における人との関わりの中で伝え合う力を高め，思考力や想像力を養う。
> (3) 言葉がもつよさを認識するとともに，言語感覚を養い，国語の大切さを自覚し，国語を尊重してその能力の向上を図る態度を養う。

　柱書に示された「言葉による見方・考え方を働かせ」ることについて，「新学習指導要領解説国語編」（平成29年6月）では，次のように解説している。

> 言葉による見方・考え方を働かせるとは，児童が学習の中で，対象と言葉，言葉と言葉との関係を，言葉の意味，働き，使い方等に着目して捉えたり問い直したりして，言葉への自覚を高めることであると考えられる。

　このことは，私たちが日常的に行っていることでもある。例えば，話す時に，分かりやすく正確に伝わるように，相手や状況に応じて，言葉を選ぼうとすること。ある文章を理解する時に，一つ一つの言葉の意味を機械的にひろうのではなく，全体の文脈からその内容を把握しようとすることなどである。

　つまり，「対象と言葉，言葉と言葉との関係を，言葉の意味，働き，使い方等に着目して捉

えたり問い直したりする」とは，言葉で表されている話や文章を，意味や働き，使い方などの言葉の様々な側面から総合的に思考・判断し，理解したり表現したりすること，また，その理解や表現について，改めて言葉に意識的に着目して吟味することを表したものと言える。

なお，このことは，話や文章を理解したり表現したりする際に必要となるものであるため，これまでも国語科の授業実践の中で，児童が言葉に着目して学習に取り組むことにより「知識及び技能」や「思考力，判断力，表現力等」が身に付くよう，教師の発話やワークシートの工夫などの授業改善のための創意工夫が図られてきたところである。

3　「深い学び」と「見方・考え方」

「答申」において，「主体的・対話的で深い学び」の視点からの授業改善を進めるに当たり，特に「深い学び」の視点に関して，各教科等の学びの深まりの鍵となるのが「見方・考え方」であるとされていることから，「新学習指導要領」では，第3の1の(1)の「主体的・対話的で深い学び」の視点からの授業改善に関する配慮事項においても，「見方・考え方」を働かせることについて，次のように示されている。

> (1)　単元など内容や時間のまとまりを見通して，その中で育む資質・能力の育成に向けて，児童の主体的・対話的で深い学びの実現を図るようにすること。その際，言葉による見方・考え方を働かせ，言語活動を通して，言葉の特徴や使い方などを理解し自分の思いや考えを深める学習の充実を図ること。

指導事項に示す資質・能力を育成するため，個々の教師が「主体的・対話的で深い学び」の視点から授業改善を図ることが期待される。その際，これまでも国語科の授業実践の中で取り組まれてきたように，児童が言葉に着目し，言葉に対して自覚的になるよう，授業改善が図られることが望まれる。

4　育成を目指す資質・能力と「見方・考え方」

育成を目指す資質・能力と「見方・考え方」の関係については，「答申」において次のように示されている。

> ○（中略）既に身に付けた資質・能力の三つの柱によって支えられた「見方・考え方」が，習得・活用・探究という学びの過程の中で働くことを通じて，資質・能力がさらに伸ばされたり，新たな資質・能力が育まれたりし，それによって「見方・考え方」が更に豊かなものになる，という相互の関係にある。

つまり，資質・能力と「見方・考え方」は，密接に関わり合っていると言える。

国語科においては，例えば，言葉の意味，働き，使い方などは，各学年の指導事項として系統的に学習していく。こうした指導事項に示す資質・能力を身に付けることで，「見方・考え方」がより豊かになり，より豊かになった「見方・考え方」を働かせることで，より資質・能力が身に付くようになることを目指すことが重要である。

はじめに

思考力・想像力・基礎力をはぐくみ「深い学び」を実現する

全国小学校国語研究所　所長
蛭田正朝

　本研究所が全国小学校国語教育研究会の付属機関として発足した平成20年10月から10年が経過した。およそ10年を区切りに学習指導要領が改訂されるが，今，平成29年版学習指導要領へ移行する節目となる重要な時期である。

　平成29年版学習指導要領は，子供たちに，未来社会をよりよく生きるために必要な資質・能力の育成に重点を置いて改訂された。国語科では，教科目標として育成すべき資質・能力を，「知識及び技能」，「思考力，判断力，表現力等」，「学びに向かう力，人間性等」の3観点で整理され，学年目標においても，教科目標と合わせ，これらの観点に統一する形で示された。

　また，これらの資質・能力の育成に当たっては，これまでの「言語活動を通して」の枠組みとともに，「言葉による見方・考え方を働かせ」が示された。これまで，「言語活動の充実」の観点から，単元全体で言語活動を通して読解力の育成を図ってきたが，今後はそれと同時に，「言葉による見方・考え方を働かせ」ながら，資質・能力の育成に力を入れることが求められている。本書の第1章は，その「読みの資質・能力」に関するものである。

　さらに，これからの子供たちに身に付けさせたい資質・能力を育成するには，子供の「主体的・対話的で深い学び」の実現に向けた授業改善が求められている。本研究所では，これまで課題追究型の学習過程に即し授業改善に努めてきたが，その根底の考え方は，「主体的・対話的で深い学び」の学習指導と同じ方向にある。第2章は，これまでの本研究所の成果を踏まえつつ，「主体的・対話的で深い学び」の視点から学習過程を再検討し，「深い学び」の実現を図るものである。

　「深い学び」の授業は，目的をもって文章を読み，言葉による見方・考え方を働かせながら，書き手の意図を推測したり，文や段落の役割を理解したり，文脈に即して語句の特殊な意味を把握したりしながら，文章を深く理解する授業である。また，内容や叙述に対し自問・自答を繰り返しつつ，自分の考えを明確にし，資質・能力を自覚的に学ぶことにより実現する。

　第3章から第5章までは，こうした考えに基づき，全国小学校国語教育研究会に所属する全国の実践者に依頼し，授業づくりの事例をまとめたものである。第3章は説明的文章教材を，第4章は文学的文章教材を取り上げ，それぞれの教材の特徴を押さえながら，今日の課題である論理的思考力や豊かな想像力の育成を図る事例である。第5章は読解の基礎力として重視されている「情報の取り扱いに関する事項」と「語彙に関する事項」に関する授業づくりの事例を取り上げた。

　本書は，本研究所所員の共同研究によるものである。研究所開設から10年間の研究の上に立ち，平成29年版学習指導要領の趣旨に沿い，読解の授業改善について追究したものである。発刊に当たり，これまで指導助言を受けた文部科学省教科調査官の菊池英慈先生と，前文部科学省教科調査官・現京都女子大学教授の水戸部修治先生にご執筆いただいたことは，望外の喜びである。

目次

刊行に寄せて 002・はじめに 004

第1章 これから求められる読解の資質・能力

1 「言葉による見方・考え方」を働かせ,「言語活動を通して」とは ...008

変化の激しい社会を生きる子供たちにとって必要な国語の資質・能力とは／子供が「言葉による見方・考え方」を働かせる姿をどう描くか／「言語活動を通し」た授業づくりをどう進めるか

2 論理的思考力・豊かな想像力の育成 ...010

「読むこと」における論理的思考力の育成／「読むこと」における豊かな想像力の育成

3 読解の基礎力の育成 ...012

意図的・計画的な指導による多様な読書体験の確保／指導事項の趣旨の確かな理解に基づく確実な定着のための指導／子供が語彙を獲得する場をどのように構築するか／目的に応じた情報の扱い方の指導の工夫

第2章 「主体的・対話的で深い学び」を実現する課題追究型の学習過程

1 「深い学び」を実現する課題追究型の学習過程とその意義 ...014
2 「深い学び」につなげる教材研究 ...014
3 課題設定,課題追究,まとめ・発展の過程における授業改善のポイント ...015

Ⅰ次「課題設定」過程（課題の把握,学習の見通し）／Ⅱ次「課題追究」過程（教材の深い理解と考えの形成・共有）／Ⅲ次「まとめ・発展」過程（振り返り・評価・活用）

第3章 「論理的思考力」を育成する説明的文章の授業づくり

1 「論理的思考力」の育成と教材の特質　…020

求められている「論理的思考力」の育成／「論理的思考力」を育てる説明的文章の読解指導／構造的に捉える能力，批判的な思考力の育成

2 授業づくり事例　…022

深い学びにつながる教材研究のポイント／学習過程のポイント／授業の展開例
授業づくりのポイント／評価のポイント

- 第1学年 「じどう車くらべ」 022
- 第2学年 「あなのやくわり」 028
- 第3学年 「すがたをかえる大豆」 034
- 第4学年 「ウナギのなぞを追って」 040
- 第5学年 「世界遺産　白神山地からの提言」 046
- 第6学年 「時計の時間と心の時間」 052

第4章 「豊かな想像力」を育成する文学的文章の授業づくり

1 「豊かな想像力」の育成と教材の特質　…058

「豊かな想像力」の育成とは／文学的文章教材の特徴と扱い方／「豊かな想像力」の育成を図る授業づくり

2 授業づくり事例　…060

深い学びにつながる教材研究のポイント／学習過程のポイント／授業の展開例
授業づくりのポイント／評価のポイント

- 第1学年 「おおきなかぶ」 060
- 第2学年 「お手紙」 066

第3学年 「モチモチの木」 072
第4学年 「ごんぎつね」 078
第5学年 「大造じいさんとがん」 084
第6学年 「やまなし」 090

第5章 読解の基礎力をはぐくむ授業づくり

1 「情報の扱い方に関する事項」の指導　…096

「情報の扱い方に関する事項」の考え方と教材の特質／「情報の扱い方に関する事項」の指導の留意点／「情報と情報との関係」を扱う授業づくりの要点／「情報の整理」を扱う授業づくりの要点

2 授業づくり事例　…098

深い学びにつながる教材研究のポイント／学習過程のポイント／授業の展開例
授業づくりのポイント／評価のポイント

第1学年 「どうぶつの赤ちゃん」 098
第3学年 「ありの行列」 104
第5学年 「想像力のスイッチを入れよう」 110

3 「語彙」に関する指導　…116

「語彙」に関する教材の特質と扱い方／「語彙」を豊かにすることに関する事項の指導と教科書教材／本書で取り上げた教材の特質と扱い方

4 授業づくり事例　…118

深い学びにつながる教材研究のポイント／学習過程のポイント／授業の展開例
授業づくりのポイント／評価のポイント

第1学年 「ものの名まえ」 118
第3学年 「もうどう犬の訓練」 124
第5学年 「注文の多い料理店」 130

第1章 これから求められる読解の資質・能力

1 「言葉による見方・考え方」を働かせ,「言語活動を通して」とは

変化の激しい社会を生きる子供たちにとって必要な国語の資質・能力とは

　今,社会は大きな変化の中にある。目の前の子供たちが社会を担う頃には,その変化は今以上に大きくなっているだろう。情報化,グローバル化が一層進む状況下にあっては,限られた情報だけを受け取り,同じ相手と暗黙のうちに了解し合うだけでは十分ではなくなってくる。

　国語科の授業づくりの在り方を考える時にも,こうした時代状況を踏まえた検討が必要になる。子供たちが変化の激しい社会を生き抜くために必要となる読む能力とはどのようなものであるのかを明らかにすることが求められるのである。

　情報がごく限られ,その更新のスピードがそれほど速くなかったかつての時代は,特定の文章や作品だけを時間をかけて読み取らせることで十分であったかもしれない。しかし莫大な情報の海を渡ることが求められる子供たちにとっては,与えられた文章の与えられた場面や段落について,教師の求める通りに解釈すること以上に,自ら本に手を伸ばし,様々な本や文章を読むことが必要になる。互いの力を合わせて未知の海原を進むためには,得た情報を組み合わせて新たな考えを生み出すとともに,それを発信・共有し多様な解釈や受け止め方があることを実感することが重要になる。さらに力強く航海を続けて目的地に向かうためには,こうした読む能力を,目的に向かって自ら発揮していくことが一層大切なものとなる。

　我々は,未来を生きる子供たちが大海原を渡るための羅針盤となりエンジンともなる言葉の力を育むことを目指すべきなのである。

子供が「言葉による見方・考え方」を働かせる姿をどう描くか

　今,各学校や関係機関では新学習指導要領の全面実施に向けて準備が進められている。学習指導要領は,授業改善の指針として,子供たちをよりよく育むことに機能してこそ,その真価を発揮する。

　新学習指導要領の国語科の教科目標の冒頭には,次の一文を掲げている(下線は筆者による。以下同じ)。こうした目標も,前項に述べた状況を踏まえて示されたものである。

> <u>言葉による見方・考え方を働かせ</u>,<u>言語活動を通して</u>,国語で正確に理解し適切に表現する資質・能力を次のとおり育成することを目指す。

　この,「言葉による見方・考え方」を働かせる姿をいかに具体的に描くかが,授業改善を進める上で重要になる。このことについて『小学校学習指導要領(平成29年告示)解説国語編』では,「対象と言葉,言葉と言葉との関係を,言葉の意味,働き,使い方等に<u>着目</u>して捉えたり問い直したりして,<u>言葉への自覚を高めること</u>」であると解説している。

これを，教師の指示通りに言葉の意味を調べさせたり文や文章の構造を理解させたりすることと捉えるだけでは，授業改善に結び付けることは難しい。むしろ下線のように，子供が自ら言葉に着目したり，言葉を自覚的に用いたりする，より能動的・主体的に言葉を用いる姿を実現することが重要になる。

　新学習指導要領で，各教科等の目標に掲げられた「見方・考え方」は，それを働かせることで資質・能力をよりよく身に付けるものであり，資質・能力そのものではない。具体的には次項で述べるが，子供自らが「この言葉こそ」と，目的に向かい課題を解決するために自らが判断し選択した言葉に着目したり，子供自身が言葉と言葉とを結び付けて新たな意味を見出したりすることを，各学年を貫いて実現していくことが，言葉の力を系統的に育む上で重要になる。

「言語活動を通し」た授業づくりをどう進めるか

　では子供たちが自ら言葉に着目し，言葉を自覚的に用いる姿をどのように描けばよいだろうか。国語好きな中学生や高校生ならともかく，小学生，まして低学年の子供たちや国語に苦手意識をもつ子供たちが言葉に自覚的になり，言葉に自ら着目することなど難しいのではないかと思う場合もあるかもしれない。しかし，主体的な課題解決の過程となる言語活動を通して学ぶことによって，子供たちは言葉への見方・考え方を十分に働かせることができるのである。

　例えば低学年の物語文の学習であれば，「物語の中の自分の大好きなところを紹介しよう」といった言語活動を通すことによって，子供自ら作品全体の中の大好きな叙述を見出し，なぜそこに心が惹かれたのかを明らかにしようと繰り返し読み，より自覚的に作品の意味や魅力を見出そうとするであろう。教師の緻密で用意周到な計画の下，子供たちがこうした魅力的なゴールとなる言語活動や作品群と出合い，見通しを立てたり，言語活動の遂行のために必要な読む能力を獲得したりできるようにすることを繰り返していくことで，単に教え込むだけでは身に付かない，子供たちが使いこなせる国語の資質・能力を真に体得することができるのである。

　前掲のように，教科目標には改めて，国語科が「言語活動を通して」，国語の資質・能力を身に付ける教科であることを明記している。それ故，当該単元に位置付けられた言語活動の質の高さが，授業の成否を左右するといっても過言ではない。国語科における主体的・対話的で深い学びも，あくまでも単元に明確に位置付けた質の高い言語活動を通してこそ実現できるものであり，安易に言語活動なしの授業に戻ることを意味するものではない。

　現行学習指導要領下で大きく進展してきた国語科の授業改善の中で，指導のねらいにふさわしい言語活動を選定することの重要性や難しさが浮かび上がった。この課題を克服して，子供たちにとって必要な資質・能力を育む質の高い言語活動を構想するためには，言語活動自体の特徴を精緻に把握したり指導の意図に基づいて設定したりするための，言語活動自体の教材研究が一層重要なものとなる。とりわけ「読むこと」領域においては，どのような読書活動を通して学習指導を展開するのかを明確に押さえることが，授業改善を進める上で不可欠である。

2 論理的思考力・豊かな想像力の育成

「読むこと」における論理的思考力の育成

　説明的な文章の指導で、「筆者の言いたい大事な言葉に線を引きましょう。」などと指示をした場合、しっかり読む子供ほど線だらけになってしまうことはないだろうか。またその状況下で、教師が意図した「大事な言葉」以外は大事ではないと言い切れるだろうか。刊行された文章は、多くの場合書き手が練りに練って言葉を選んだ表現の結果であり、どの言葉をとっても「大事な言葉」なのである。このように考えると、やみくもに文章を詳細に読ませたり、指示語や接続語について指摘させたりすることが、「しっかり読む」ことではないことが分かる。

　論理的な思考の特徴として、理路整然とした首尾一貫した考え方であることが挙げられる。こうした思考を働かせて文章を読むためには、読む目的が重要になる。すなわち、読む目的に照らして「大事な言葉かどうか」を判断することで、なぜその言葉が大事なのか、根拠を自覚したり説明したりすることができるのである。

　国語科の教科目標に「(2)日常生活における人との関わりの中で伝え合う力を高め、思考力や想像力を養う。」とあるように、論理的に思考する力を育成することは極めて重要なものとなる。そしてその内実は、特に〔思考力、判断力、表現力等〕の内容を中心に示しているところである。では、「読むこと」の第3学年及び第4学年の次の指導事項を取り上げて検討してみよう。

　　ウ　目的を意識して、中心となる語や文を見付けて要約すること。

　これは、説明的な文章の精査・解釈に関する指導事項である。単に無目的に読み取らせて教師の意図した「中心となる語や文」を指摘させることを目指すものではない。あくまでも「目的を意識して、中心となる語や文」を判断することを求める指導事項なのである。すなわち指導事項に明示してあるように、「目的を意識」した時に、どの語や文が「中心となる語や文」なのかが鮮明に浮かび上がってくるのである。中心となる語や文を「見付けて」としているのも、読み手である子供自身が中心となる語や文を見出したり特定したりするという主体的な思考・判断を求めることを端的に表現したものなのである。

　その際、目的が子供にとって必然性や必要性を強く実感できるものであればあるほど、論理的に思考するための有力な手掛かりとなる。子供の実態に精通した熟練教師なら、「段落のつながりに気を付けて読み取ろう」などと教師側の目的を下ろすだけでは子供にとって読みの手掛かりにならないことは実感をもって感じていただけるであろう。そのためこうした読みの力は、特定の教材文を、仮の目的で読ませただけでは十分に育成することは難しい。調べる学習などでは多くの情報の中から、自分の調べたいことに合った情報を見付け、複数の情報を組み合わせて新たな考えを形成したり、それらを共有したりすることが求められるからである。教

科書の説明文とは大きく書き振りの異なる図鑑や事典，科学読み物などのテキストを，目的に応じて読む力を育むことが，これから求められる読解の資質・能力の重要な部分となる。

　論理的思考力は，文学的な文章の指導でも育成する必要がある。例えば第3学年及び第4学年の「C　読むこと」のウの指導事項には，「登場人物の性格」を「場面の移り変わりと結び付けて具体的に想像すること」を示している。作品をやみくもに読み取らせようとしても，とりわけ読むのが苦手な子供ほど，なぜその性格だと判断するのかが理解できない状況が見られる場合がある。この点について，『小学校学習指導要領（平成29年告示）解説国語編』（以下，『解説国語編』）には次のように解説している。

　「登場人物の性格は，複数の場面に共通して一貫して描かれる場合と，多面的に描かれる場合とがある。いずれの場合も，（中略）物語全体に描かれた行動や会話に関わる複数の叙述を結び付けて読むことが重要である。一つの叙述だけではなく，複数の叙述を根拠にすることで，より具体的に登場人物の性格を思い描くことができる。」（p.111）

　すなわち，ここでのねらいは登場人物について，正解の性格を言い当てることではなく，複数の叙述を根拠に，それらを結び付けて性格を具体的に想像することを目指すものなのである。なぜなら，主要な登場人物ほど一面的ではない描写が工夫され，読者がどの面を印象深く受け取るかによって，性格についても受け止め方が異なってくるからである。

「読むこと」における豊かな想像力の育成

　第3学年及び第4学年の「C　読むこと」の共有に関する指導事項は次の通りである。
　カ　文章を読んで感じたことや考えたことを共有し，一人一人の感じ方などに違いがあることに気付くこと。

　「感じ方など」としているのは，同一の文章を読んでも解釈やそれを基に考えたことも異なってくる場合があるからである。この点について『解説国語編』には次のように解説している。

　「これらの感想や考えは，同じ文章を読んでも文章のどこに着目するか，どのような思考や感情，経験と結び付けて読むかによって，一人一人に違いが出てくる。」（p.112）

　すなわち，こうした「結び付け」る行為によって読者の解釈や感じ方，考え方を生み出すことが，国語科における想像力の姿を顕在化させるものなのである。それ故，多様なものと結び付けることができればできるほど「豊かに想像」しやすくなる。いわゆる「読める子」は，教師の指示がなくても，ある場面を解釈する際に，他の場面の叙述と結び付けたり，これまでの読書体験の中で類似した展開の物語と結び付けたりすることで，想像する手掛かりを得て「読めている」のである。一方で「読めない子」は，そうした結び付けの手掛かりとなる読書体験がないことが多い。また一語一語，一文一文意味を取らせても，辞書的な意味を累積するだけであり，文脈を踏まえて解釈したり，直接述べられていない心情を思い描いたりするに至らないことが多い。機械の読み方と人間が想像力を働かせて読む行為とは同一ではないのである。

3 読解の基礎力の育成

意図的・計画的な指導による多様な読書体験の確保

　子供が，そして我々が「読む」という行為は決して機械が無感情に行う作業と同一のものではなく，興味・関心や思考・判断・表現と複雑に結び付いた行為であることを忘れてはならない。いわゆる「読める子」は，就学前の幼い頃から語句の意味を機械的に教え込まれたり，一文一文を読むスキルを訓練させられたりしてきたから読めているのだろうか。むしろ様々な昔話や絵本の読み聞かせを聞いてワクワクドキドキしたり，図鑑を見て興味をもった内容を，そこに添えられた文章を読んでもらうことで理解できたり，もっと興味をもってさらにページをめくったりした体験がベースになっているのではないだろうか。読むのが苦手な子供を確実に支援するためには，例えば自分の実体験と結び付けて読んだり，同一作品内の複数の叙述を結び付けて読んだりするとともに，シリーズや複数の資料，同一作家の他の作品と結び付けて解釈できるようにするなど，意図的で系統的な指導が不可欠になる。年齢が上がるにつれて不読者の割合が上がっているという現状を踏まえれば，こうした視点は一層重要なものとなる。

　その際，学習指導要領においては，〔知識及び技能〕(3)の読書に関する事項の指導が極めて重要な意味をもつ。例えば第１学年及び第２学年では次のように示されている。

　エ　読書に親しみ，いろいろな本があることを知ること。

　読書は人間にとって重要な言語文化であり，子供たちにとって，生涯にわたって想像を広げる翼となり，じっくりと思考を深めるための，大地に深く広がる根ともなる大切な行為である。国語科においてこそ読むことの楽しさ，有益さ，奥深さを子供たちに味わわせたいものである。

指導事項の趣旨の確かな理解に基づく確実な定着のための指導

　また読書が基盤となって，「Ｃ　読むこと」に示す資質・能力が一層確かなものとなる。第１学年及び第２学年「Ｃ　読むこと」の文学的な文章の構造と内容の把握に関する指導事項は次の通りである。

　イ　場面の様子や登場人物の行動など，内容の大体を捉えること。

　一見すると，単に場面ごとに読み取らせる指導に戻るかのように受け取られがちであるが，この指導事項の趣旨はそうではない。同じく，精査・解釈に関する指導事項は次の通りである。

　エ　場面の様子に着目して，登場人物の行動を具体的に想像すること。

　この指導事項では，子供自身が例えば「大好きなところ」，「面白いと思ったところ」などを紹介することに向けて，「この場面のこの言葉が大好き」などと自ら場面や言葉に着目する，言葉による見方・考え方を働かせた学びが想定できる。こうした「場面の様子に着目」するこ

とに向けて,「内容の大体を捉える」のである。無目的な内容の読み取りに陥っては,子供の主体的な思考・判断を働かせた確かな読みの能力を育成することは難しい。

さらに,イの指導事項については,『解説国語編』に次のように解説されている。

「児童の発達や学習の状況に応じて,<u>本</u>や作品の題名,場面の様子を描いた挿絵なども手掛かりにしながら,誰が,どうして,どうなったかなどを<u>把握することを繰り返して</u>,<u>物語全体の内容を正確に理解すること</u>が重要である。」(p.70)

ここで言う「把握することを繰り返して」は,同じ作品の内容を捉える学習を機械的に繰り返すという意味ではもちろんない。ある作品の内容の大体を捉える力を確実に育むためには,何らかの目的に向かって,数多くの作品の内容の大体をつかむことを繰り返していくことが必要なのである。すなわち,物語全体を大づかみにつかむ力の育成には,一つの作品だけを時間をかけて細かく読むのではなく,例えば紹介したい昔話を選ぶために,いろいろな昔話を読んで内容の大体を捉えることを繰り返すなど,並行読書を意図的に取り入れた確実な定着のための指導の工夫が重要になるのである。上掲の解説に「本や」としているのも,教材文に閉じる指導ではなく,本を読むことを積極的に取り入れた指導が行われることを意図したものである。

子供が語彙を獲得する場をどのように構築するか

今回の国語科の改訂の要点として,「語彙指導の改善・充実」が挙げられている。では,語彙が豊かな子供たちはどのようにして語彙を身に付けたのであろうか。また我々はどのようにして語彙を獲得してきたのだろうか。辞書的な意味を暗記したり,機械的な短文作りをしたりしてきたから語彙が身に付いたわけではないだろう。もっと知りたい,書かれていることをさらに味わいたい,自分の思いをよりふさわしい言葉で表したい,そうした思いを膨らませて理解したり表現したりする言語行為を繰り返すことで,結果として豊かな語彙を獲得するに至るのである。すなわち,語彙を豊かにするためには,多彩な文章を読み,思いを膨らませ,考えを明確にして発信する言語活動の積み重ねが必要なのである。

目的に応じた情報の扱い方の指導の工夫

前項のような学習は,各教科等において行っていくことが大切になる。例えば社会科における調べる学習や表現活動との関連を図るカリキュラム・マネジメントを工夫することが有効である。その際,〔知識及び技能〕(2)の情報の扱い方に関する事項の指導が重要になる。例えば第3学年及び第4学年には,「辞書や事典の使い方を理解し使うこと」を示している。また「第3 指導計画の作成と内容の取扱い」の2(1)イにも「辞書や事典を利用して調べる活動を取り入れる」ことなどを示している。単なるスキル学習に陥ることのないよう十分留意しつつ,目次や索引,見出しなどを駆使して必要な情報を見付けるなど,子供自身の目的を明確にして,調べる学習やそのための技能を適切に指導することが望まれる。

(水戸部修治)

第2章 「主体的・対話的で深い学び」を実現する課題追究型の学習過程

1 「深い学び」を実現する課題追究型の学習過程とその意義

　学習者が受動的な存在ではなく自らの知的好奇心を原動力として問いをもち，身に付けた知識・技能を働かせ，他者との協働や外界との関わりを通して物事を多面的・多角的に捉えて問いを探究していく。このような学びを課題追究型の学習と捉える。また，国語科の読みの学習では，「言葉による見方・考え方」を働かせ，語句の意味や働き，段落（場面）と段落（場面）との関係，書き手の意図（要旨）等について自分の考えを明確にしながら文章を深く理解する。そして，これらの学びを通して資質・能力を身に付けていく。このような「深い学び」を実現するためには，子供たち自らが課題を把握し，学習の見通しをもつ「課題設定」過程，自分なりの考えをもち，その考えを他者と交流・共有する「課題追究」過程，学びを振り返り，次の学びへの課題（活用）を考える「まとめ・発展」過程のような課題追究型の学習過程を設定し，授業の改善・工夫をしていくことが重要である。

2 「深い学び」につなげる教材研究

　まず，文学的文章では，あらすじ・登場人物・場面の展開・主題等を捉える。説明的文章では，説明されている内容の大体・文章全体の構成・要旨等である。さらに，教材を繰り返し読んで，心を強く動かされたところ（こと）や疑問に思ったところ（こと）をノートに書き留めたり，重要と思われる語句とその語句の意味や使われ方，作品が生まれた時代背景，作者等について調べたりした後，以下の3つの観点から教材分析を行う。

① 教材の価値の観点から教材を分析
　作品を読んだ後，「どう思いましたか。」と初発の発問を投げかけることが多いが，教材の価値を追究するためには，読んだ後，発達段階を踏まえた以下のような発問を投げかけるとよい。
　例えば，文学的文章では，「面白いところや好きなところ」（低学年），「強く心を動かされたところ」（中学年），「作者が言おうとしていること」（高学年），説明的文章では，「面白いところや不思議なところ」（低学年），「必要なところや大事なところ」（中学年），「筆者が言おうとしていること」（高学年）。このような発問に対する子供の反応から，どの程度価値に迫った読みをしているかを知ることができる。その後，子供の実態を踏まえたうえで課題づくりと関係付けながら教材の価値に迫るようにする。

② 育成したい資質・能力の観点から教材を分析
　各学年の「思考力，判断力，表現力等」に配列された資質・能力を要素的に見ると，説明的

文章では、「大体・順序、要点・段落・中心点・要旨・要約等」、文学的文章では「あらすじ・場面・登場人物・情景・心情・性格・相互関係」等が主なものである。また、「知識及び技能」では「重要語句・指示語や接続語、段落の構成、主語と述語、会話文等」が挙げられる。

　これらの資質・能力のうち、単元で重点的に身に付けさせたい事項を中心に観点を設け、教材を分析することにより「深い学び」につなげることができる。なお、①・②の段階で、教材文の「意味構造図」や「文章構造図」を作成することにより、教材文の内容や構造を視覚的に把握することができるとともに板書や発問計画にも有効に活用することができる。

③　適切な言語活動を設定し、その観点から教材を分析

　さらに、適切な言語活動を設定し、その観点から教材を分析することが重要である。例えば、説明的文章（『あなのやくわり』第2学年）を読み、「分かったことや考えたことを述べる言語活動」を設定する場合を考えてみる。まず、子供の実態や経験、あるいは、興味や関心を捉えながら、「穴にはどんな役割があるか、穴のあいている物を挙げ、友達に説明しよう。」のように具体化する。次に、具体化した言語活動の観点から教材を分析する。その際、教師自身が子供の立場で教材を読み、実際に穴の役割について説明する文章を書いてみる。そうすることにより、言語活動を通して「事柄の順序を考えて読む力」が本当に身に付くかどうかを把握することが可能になる。

　以上、「深い学び」につなげるためには、教師側の教材研究だけでなく、子供の反応、興味・関心などの実態を踏まえた、子供側に立った教材研究が必要である。

3　課題設定，課題追究，まとめ・発展の過程における授業改善のポイント

Ⅰ次「課題設定」過程（課題の把握，学習の見通し）

　この過程は、目的や必要性、興味・意欲などによって生まれた疑問や課題を学習課題として設定し、それを解決するために学習の方法や計画（学習の見通し）を吟味する過程である。特に、「主体的・対話的で深い学び」の実現につなげる展開のスタートとなる重要な過程であり、子供自ら「問い」をもつことを起点に置くことが鍵になる。

　教師は、授業を展開するに当たって、子供の能力の定着度、興味・関心、経験等を客観的な評価も取り入れながら把握したうえで、「この単元でどんな力を付けるか」を明確にもつことが大切になる。さらに、教師が計画した課題や解決方法を一方的に与える授業ではなく、子供自らが学びの構え（目的や相手意識、課題意識）をもち、解決方法を考える授業へと改善していくことが重要である。例えば、「おや、どうして？」、「おかしいな、なぜ？」等の矛盾や疑問を学習課題として設定したり、「○○について自分の言葉で表現しよう」等の解決方法について子供自身が考えたりする授業である。

<授業改善のポイント>
① 主体的な学びを実現するための内発的動機付け
　子供は，自分の心に葛藤・矛盾・疑問を抱くことによって，「確かめてみよう！」，「調べてみよう！」と，読みの必要感をもち，意欲を高めていくものである。そのためには，映像・写真・図表・新聞の切り抜き・挿絵・実物等の資料提示やパフォーマンス等から子供が解決したくなるような思考のズレ（矛盾・疑問・葛藤等）を生じさせる教師の働きかけ（内発的動機付け）を工夫することが大きなポイントになる。また，交流（「対話的な学び」）を位置付け，思考のズレの共有化を図ったうえで課題を設定していくことが望ましい。
② 深い学びを実現するための課題の吟味
　深い学びを実現するための課題として，〇身近な事柄を基にした課題　〇相手・目的意識がもてる課題　〇子供にとって興味・関心がもてる課題　〇学ぶ必要感のある課題　〇考え方に広がりがあり，対話的な学びを通してより深められる課題　〇言語活動を通して目指す資質・能力が見通せる課題　〇指導事項の明確な課題等があり，これらの条件を踏まえた課題であるかどうかを吟味して決めることが大事である。

― 教師の働きかけ ―
〇映像・写真・図表・新聞の切り抜き・挿絵・実物等の資料提示　〇体験談　〇関連図書の紹介　〇題名予想　〇初発の感想（感動・疑問等）　〇筆者（作者）の紹介　〇疑問を引き出す発問

③ 言語活動の選択と学習の見通し
　子供は各学年の学びを通して様々な言語活動を経験してきている。そこで，付けたい力を把握させ，既習の言語活動とその言語活動の特徴を想起させた後，子供の思いや考えを取り入れながら解決方法を選択していく。併せて，学習の見通し（学習計画）を立てる際も，実態を踏まえつつ，低学年ならば教師が中心に，中学年ならば教師と子供が話し合って，高学年ならば子供が中心になって決めるというように，子供を参加させることを考えていきたい。

― 教師の働きかけ ―
〇既習の言語活動一覧　〇単元計画の作成　〇教師のモデル（リーフレットや図鑑，紹介文等々）〇教材の特性に合った言語活動の紹介　〇学習を見通し・やる気を喚起する発問

Ⅱ次「課題追究」過程（教材の深い理解と考えの形成・共有）

　この過程は，Ⅰ次「課題設定」過程で設定した課題を追究するために，文章を深く理解する過程である。「深い学び」を実現するうえでも，「言葉による見方・考え方」を働かせ，文章全体の構造や内容を把握したり，叙述に基づいて精査・解釈したりする過程は重要である。また，文章の深い理解に基づいて自分の考えを明確にし，それを基に「対話的な学び」を通して互いの考えを共有し合ったり自己の考えを深化・拡大させたりして，個の考えの形成・共有を図る

こ␣とも大事である。

　そのために，教師は，「何を考えさせ，何を教えるか」，「どこを学びの山場とするか」等，授業の焦点化を図るとともに，子供の反応を受け止めた臨機応変の指導を心掛けたい。

　では，教材の「深い理解」に導くために，説明的文章（教材『こまを楽しむ』第3学年）を事例に，授業改善のポイントと教師の働きかけについて具体的に述べたい。

　本単元は，単元名を「まとまりをとらえて読み，感想を話し合おう」とし，「感想を発表する言語活動」を通して「段落に着目しながら大事な言葉や文を捉えて内容（こまの種類や楽しみ方）を読み取ること」を目指す。また，読みの視点を「文章構成と大事な言葉や文を捉える」とした。

　まず，「課題把握」過程で設定した課題「どのまとまり（段落）に，どんなこと（内容）が書いてあるか」を把握するために，全文を通読し，さらに1つ目の段落を読み返した後「どんなことが書いてあるか。」の発問を投げかける。すると，「どんなこまがあるのでしょう。」，「どんな楽しみ方ができるのでしょう。」の文末表現（〜のでしょう。）に着目して読むことで，こまの種類と楽しみ方の2つの「問い」が書かれていることを捉えることができる。同時に，前出の学びを活用して【はじめ】の段落であることを確認する。

　次に，「『問い』に対する『答え』はどこに書いてあるか。」の発問を投げかけると，主語と述語との関係に着目して読むことで，「色ごまは，回っているときの色を楽しむこまです。」，「鳴りごまは，回っているときの音を楽しむこまです。」（以下略）から，こまの名前と楽しみ方が書いてあり，「問い」に対する「答え」が書かれていることを捉えることができる。併せて【中】の段落であることを確認する。

　最後に，「このように」の言葉の役割を理解することでまとめが書いてある【おわり】の段落であることを確認する。続いて【中】の段落について，「何が，どのように書かれているか」，叙述を基に大事な言葉（表面・どう・心ぼう・曲芸等）や文（こまのどうは大きく中がくうどう・ボーッという音が鳴る・かいてんをくわえる・広くたいらなどう等）に着目しながら繰り返し読み，内容（こまのつくりの工夫，回し方や回っている様子）を把握していく。

＜授業改善のポイント＞
① 　導入時に，授業の流れや時間の目安，読みの視点，学習方法を確認する。
② 　課題解決のために全文を通して読むという構えをつくることに留意する。
③ 　「こまの種類」と「楽しみ方」に関わる部分に色別サイドラインを引くなどの工夫が必要。
④ 　一人学びの時間を確保して計画的に机間指導を行い，個に応じた指導・支援を工夫する。
　○つまずいている子供には，「どこの表現から分かったか」，叙述に戻って考えさせる。
　○子供の実態を考慮し，数種類のワークシートを用意し，子供に選択させる。
　○思考を中断させないために，つまずき事項を解決するためのヒントカードを渡す。

- 教師の働きかけ -
○ワークシートの工夫 ○付箋の活用 ○構造的な板書の工夫（記号・色チョーク・挿絵等） ○資料の内容と量・提示のタイミング ○ICT機器・思考ツールの活用 ○内容を想像させる発問

　次に，「課題追究」過程では，教材の「深い理解」とともに「考えの形成・共有」の過程（『解説国語編』）も今後の重要な授業改善の課題となっている。

　この過程では，一人一人が書いた付箋のメモを整理したり，そこまでの学びでまとめたワークシートを読み返したりした後，理由や根拠を明らかにして自分の感想や考えをまとめる。そして，まとめた自分の考えを基に「対話的な学び」を通して思考のズレの「共有化」を図っていく。

　まず，「事例の中からいちばん遊んでみたいこまについてまとめよう」の課題から，A児は，①「さかだちごま」②（○形がボールのようで面白い。○手で回すのでわたしにもできそう。○さかさまになって回るのを見てみたい。），B児は，①「鳴りごま」②（○形が丸くて見たことがないこま。○こまなのに音が楽しめる。○ボーッという音を聞いてみたい。）と，それぞれが①遊んでみたいこまの名前，②選んだ理由と考えたことを短い文でまとめる。教師は，個の読みが確立できたことを確認後，「友達と話し合おう。」とペア・グループ・一斉等有効な学習形態を導入して交流活動へと導く。その結果，「Kさんが選んだこまは，わたしと同じ。でも，選んだ理由が違う。」，「最初は気付かなかったけど，Dさんの選んだこまも面白そう。」等，友達との交流を通して子供は，それぞれの感じ方に違いがあることに気付いたり，新たにこまのつくりや遊び方の面白さを発見したりする等，自分の考えを広げることができる。

　しかし，せっかく位置付けられた「対話的な学び」が有効に機能していない授業をよく目にする。そこで，事前に以下の事項が達成できているかどうかを確認したうえで「対話的な学び」を導入し「深い学び」の実現につなげていきたい。

＜授業改善のポイント＞
① 文章の内容や表現を理解し，自分の考えをもっているか。（自分の考えの形成）
② 考えに違いや疑問があり，確認・解決する必要性があるか。（交流の目的・意欲）
③ 話し合いの仕方や流れ，見通しをもっているか。（話し合い＜学習方法＞のスキル）
④ 安心して話し合える環境ができているか。（望ましい人間関係）

- 教師の働きかけ -
○話し合いの仕方の提示 ○計画的で有効な学習形態の導入（グループの人数と編成）○計画的な机間指導（補助簿・座席表等の活用・ヒントカード等） ○考えの視覚化（ボード・付箋・色鉛筆・名前カード・短冊等） ○発問の工夫（考えを整理させる・考えを揺さぶる・気付きを確かめさせる等）

Ⅲ次「まとめ・発展」過程（振り返り・評価・活用）

　この過程は，一貫した言語活動を通して「どの程度目標が達成できたか」，「残された課題は何か」等，自らの学びを振り返る（自己評価）とともに，「この学びをどのように活用するか」，本単元で身に付けた力や課題を次の学びにつなげていく過程である。そのためには，「指導と評価の一体化」の重要性が問われている通り，授業は具体的な目標（めあて）を立てて展開し，それに準拠した振り返り（まとめ，評価）を行うことが大事である。このことによって，子供に確かな読みの力（指導事項）を身に付けさせることができる。さらに，「主体的・対話的で深い学び」を実現するためには，振り返り（評価）は，「学んだこと・分かったことは何か。（知識・理解）」，「できるようになったことは何か。（技能）」，「よく分からなかったことは何か。（課題）」等，学びの成果を実感し，次の学びの課題を明確にもつ時間として位置付けたい。

　また，評価方法として観察，作文，発表，紹介，作品の展示等の機会を利用し，自己評価や相互評価をし，子供たち一人一人に，達成感や成就感を経験させるようにする。

＜授業改善のポイント＞

① 評価項目を精選・重点化する。
② 評価基準を明確にするとともに，「よくできた・ふつう・もう少し」など，どの単元でも使える文言ではなく，その単元ならではの観点と文言を工夫する。
③ 記号のみで評価するのではなく，自分の言葉で書くことで思考を再構成し自分の学びを自覚させるようにする。
④ 本単元で学んだことを「どこ」で，「どのように活用するか」についても考えさせる。
⑤ 初期の指導として，「今日の学習で，〜が分かった。」，「この次の学習では，〜について知りたい。」と，書き出しの言葉を入れた振り返りカードを作成する。
⑥ 「感想（思ったこと・考えたこと）」として大きな枠内に書かせるのではなく，（「分かったこと」，「よく分からなかったこと」，「学び合いで気付いたこと」，「進歩したこと」）というように，項目を立てて書きやすいようにする。
⑦ 「振り返りカード」を開発，工夫する。

― 教師の働きかけ ―
○振り返り時間の確保　○学びの成果の視覚化と展示の工夫　○振り返りカードの工夫
○振り返りの書き方（まとめ方）のモデルの提示　○教師からの称賛の言葉

　加えて「振り返り」で大事にしたいことは，教師が子供一人一人の進歩・成長を見取り，具体的な場を挙げて努力や成果に対する称賛の言葉を投げかけたり改善方法のヒントを提示したりすることである。教師の称賛・承認の言葉や新たな学びに対するヒントは，子供にできた喜びと自信を味わわせ，次の学びへの意欲を喚起させる大きなエネルギーになると考える。

（榊原良子・阿部澄子）

第3章 「論理的思考力」を育成する説明的文章の授業づくり

1 「論理的思考力」の育成と教材の特質

求められている「論理的思考力」の育成

　子供たちは，国際化・グローバル化する未来社会を切り拓いて生きていかなければならない。そのような社会では，物事を多様な観点から考察する力，情報を取捨選択する力，自ら課題を発見し解決する力，コミュニケーション能力などが一層求められている。

　しかし，文部科学省の全国学力・学習状況調査によれば，複数の資料の内容を関係付けて理解したり，表現したりすることに課題があるという結果が示された。また，根拠を明確にし，筋道を立てて考え解答すべき設問に対する誤答や無回答も多く見られる。

　さらに，PISA型読解力の調査結果においても，情報相互の関係性を理解して解釈したり，自らの知識や経験と結び付けて自分の考えを記述したりすることに課題があると指摘されている。これらのことから，複数の情報を関係付けて理解したり，根拠を明確にし，筋道を立てて分かりやすく相手に説明したりする「論理的思考力」の育成が，国語科学習指導上の重要な課題になっている。

「論理的思考力」を育てる説明的文章の読解指導

　『解説国語編』では，具体的な指導事項を，学年の発達段階に即し，次のように示している。

	第1学年及び第2学年	第3学年及び第4学年	第5学年及び第6学年
構造と内容の把握	ア　時間的な順序や事柄の順序などを考えながら，内容の大体を捉えること。	ア　段落相互の関係に着目しながら，考えとそれを支える理由や事例との関係などについて，叙述を基に捉えること。	ア　事実と感想，意見などとの関係を叙述を基に押さえ，文章全体の構成を捉えて要旨を把握すること。
精査・解釈	ウ　文章の中の重要な語や文を考えて選び出すこと。	ウ　目的を意識して，中心となる語や文を見付けて要約すること。	ウ　目的に応じて，文章と図表などを結び付けるなどして必要な情報を見付けたり，論の進め方について考えたりすること。

　また，言語能力，情報活用能力，問題発見・解決能力を養い，現代的な諸課題を解決するうえで必要な資質・能力の向上を図ることを明確にしている。そのため，教科書教材には，説明文，論説文や解説文，意見文などに加え，会議の計画や報告書などの実務的な文章も見られるようになった。

　さらに，文字を主体にした文章，いわゆる「連続型テキスト」だけでなく，図やグラフ，表

などを用いた「非連続型テキスト」を読み取る能力も含まれている。説明的文章の教材は，文学的文章以外の事実に基づく文章や日常生活に関わる文章について，広く読み解く対象になった。子供たちが，これから読むことになる多種多様な文章を正確に読み解き，考えを形成するという，日常生活に生きて働く読解力を育てたいとの願いが込められているためである。

構造的に捉える能力，批判的な思考力の育成

　論理的な思考力を育成するためには，説明的文章を構造的に読むことが重要である。教科書教材は，各学年とも4，5編の教材が単元学習として螺旋的に学ぶように設定されている。特に，重要視したいのは第3，4学年の指導である。多用な文種や題材から，①はじめ・中・おわりの文章構造，②問い・答えの内容構造，③中心文と他の語や文と文の関係構造などを把握し，読解力の基礎的能力や活用力を学ぶことができるように，単元が構成されている。教科書によっては，説明的文章の2教材を続けて配列し，第1教材で基礎的な知識・技能を習得し，第2教材では，学んだ知識・技能を活用して読解能力の定着を図ることをねらいとした単元もある。また，読む能力を獲得するだけでなく，それを基に，「話すこと・聞くこと」や「書くこと」の学習活動と関連付け，日常生活に生きて働く言語能力として発展させることををねらいとした教材もある。

　説明的文章を読むことは，書かれている内容をそのまま鵜呑みにすることではない。読む過程や読んだ後で，「どうして？」，「なぜ？」などの疑問をもち，事象の本質を見極めようとする思考の習慣を身に付けさせるのである。それは，物事の本質や事象の背景について考えたりする習慣のことで，そこで働くのが「批判的な思考力」である。

　自分の思考や行動そのものを認識することは，自分自身を理解し把握することでもある。この能力は，多くは対話的で深い学びの学習活動で獲得するものである。説明的文章の読みを通して筆者との対話や友達との対話，ゆさぶりをかけた教師との対話によって，情報を関係付けて構造的に捉えたり，自分のもてる知識や経験とを結び付けて解釈したりして，子供たち一人一人に確かな論理的思考力を育てるのである。

　教師は，一人一人の子供たちに，育てなければならない資質・能力は何かを見極め，その能力を十分に伸長させる指導が求められる。論理的思考力を向上させるには，子供たちの「最初の考えが，どう変わったか」，「何ができるようになったか」など，自分の思いや考えを広げ深める学習活動を意図的・計画的・組織的に設定できる力量が必要になる。教師は，説明的文章の読解指導を中核に据え，広い視野に立って，「話すこと・聞くこと」，「書くこと」の領域や，他教科等の内容と相互に関連付けて指導する力量が問われている。また，計画（P），実施（D），評価（C），改善（A）の過程を踏んで，実践活動の質を高める普段の努力が必要である。つまり，個々の教師に求められているのは，組織の一員としてカリキュラムマネジメントの充実を図り，実践に生かすことである。

（柴山憲司・武田恭宗・垣内成剛）

2 授業づくり事例

第1学年 「じどう車くらべ」（光村図書）

本や文章を読んで身近な事物を簡単に説明する文章を書く

資質・能力 文章の中の重要な語や文を考えて選び出すこと（C読むことウ）

文章を読んで感じたことや分かったことを共有すること（C読むことカ）

言語活動例 事物の仕組みを説明した文章などを読み，分かったことや考えたことを述べる活動（言語活動例ア）

深い学びにつながる教材研究のポイント

　1年上巻「くちばし」，「うみのかくれんぼ」からつながる説明文である。「くちばし」では，問いと答えの繰り返しの文章，「うみのかくれんぼ」では，1つの問いと3種類の答えで構成された文章を読んできている。本単元では，「どんな仕事」，そのために「どんなつくり」という2つの問いがあり，2つの段落に分かりやすくまとめられている。身近な自動車であるが，つくりまでを詳しく意識して見たことがあまりない子供がほとんどである。そこで「しごととつくり」に目を向け，すごいなあ・かっこいいなあと感じたり友達が興味をもった自動車の話に共感したりする授業の構成をしていくことが「深い学び」につながる。

学習過程のポイント

　ここでは，知っている自動車をどんな時に見たかということを発表し合う学習から始める。

1　単元の指導計画（全10時間）

1　第1次　課題設定と学習の見通し	2　第2次〈1〉　課題追究　教科書の文章構造をつかむ
①教科書の挿し絵を見て，どんな自動車があるか発表する。 ・知っている自動車，見たことのある自動車を発表する。その際，どんな時にどんなところで見たのかも話すようにする。 ・教師の手作り「じどう車ずかん」を見て，図鑑づくりに興味をもつ。 ・教科書全文を読み，どんなことが書いてあるか，おおよそをつかむ。　　　　（本時）	②教科書を読み，問いの文が2つあること，「そのために」という接続語のあとの答えの文をつかむ。（バスやじょうよう車） 4人グループを作り，2つの問いとそれぞれの答えを言う役割を交代でやる。 ③④トラック，クレーン車についても，前時と同様の活動をする。

2 指導目標

・文と文をつなぐ「そのために」という接続語の役割を理解し、「じどう車ずかん」を作る時に使えるようにする。

(知識及び技能(1)ア)

・「じどう車ずかん」づくりに向けて、文章の中の重要な語句を捉え、事柄の順序を考え内容の大体を読むようにする。

(思考力、判断力、表現力等Cア)

・興味をもった自動車のはたらきやつくりについて進んで図鑑で調べて「じどう車ずかん」を書き、説明しようとする。

(主体的に学習に取り組む態度)

3 評価規準

知識・技能	思考力・判断力・表現力等	主体的に学習に取り組む態度
○文と文をつなぐ「そのために」という接続語の役割を理解し読んでいる。 ○自動車について、いろいろな図鑑があることを知っている。	○文章の中の重要な語句を捉え、事柄の順序を考え内容の大体を読んでいる。	○興味をもった自動車の働きやつくりについて進んで図鑑で調べて「じどう車ずかん」を書き、説明する。 ○友達の説明を聞いて感想や質問を伝えている。

3 第2次〈2〉 課題追究 お気に入りの「じどう車ずかん」をつくる	4 第3次 まとめ・発展 学習の振り返り
⑤司書に協力を依頼し、自動車に関する図鑑などから、自分が作りたい自動車の本を選び読む。「しごととつくり」に必要な箇所に付箋を付ける。 ⑥⑦教科書の文を参考に、「しごととつくり」について文を書いたり自動車の絵を描いたりする。 ⑧⑨インタビュー形式で、発表し合う。初めは、教師からのインタビューを受けて答え、発表のやり方を知る。	⑩このお気に入りの「じどう車ずかん」を作る学習を通して感じたこと思ったことを話したり、友達の図鑑について感想を述べ合ったりする。

授業の展開例（本時第1時／全10時間）

1　挿し絵をプロジェクターで映し，どんな自動車があるか発表し合う（5分）
T　これは，教科書に載っている自動車です。どんな自動車があるでしょう。
C　（口々に挿し絵の自動車の名称を言う。どんな時にいつ頃見かけたかとか，自分の家にある自動車についても話し出す子供も出てくる。）

2　学習課題をつかむ（30分）
　教科書の挿し絵以外の自動車について，知っている自動車を発表し合うことで，自動車についてもっと知りたいという興味を広げていく。

> 学習課題　しっているじどう車をはっぴょうしよう。

　知っている自動車を発表し合う時に，どんな時にどんなところで見たのかも話すことで，その自動車の特性までも意識できるようにする。

T　教科書だけでもたくさんの自動車の名前が出ましたね。他にも知っている自動車がありますか。
　発表する時には，どんな時にとかどんなところで見たのかも話せるといいですね。
C1　救急車です。○○病院の前に停まっていました。
C2　この前，お店の前に停まっていて，病気の人が運ばれていくみたいでした。
C3　キャンピングカーです。お家でキャンプに行った時に見ました。
　ぼくの家にはキャンピングカーがないので，すごいなあと思いました。
C4　キャンピングカーの中，見たの？
C3　見てない。よその家の車だもの。
C　テレビで見たことあるよ。車の中で泊まれるんだよ。
C　へえ。すごいね。中，見たいね。
T　調べてみたらどう。
C　調べてみたい。
T　他の自動車もありますか。
C5　消防車です。消防署にありました。走っている消防車も見たことがあります。
C6　消防車は，赤信号でも停まらなくてもいいんだよ。
C7　火事を急いで消さないとだめだから，赤信号でもいいんだよ。
C8　パトカーも赤信号で停まらなくてもいいんです。同じです。
C9　ロードローラーという自動車もあります。

C	何，それ。
C9	（身振り手振りを交え，説明する。）車の前に，こんなに大きくて固いローラーがついていて，道路をたいらにしていくんです。
C	へえ。見たことあるの。
C9	△△坂の道路をなおしている時に見たよ。

　　（見たことがある自動車を発表するに連れ，子供の興味はどんどん高まっていく。）

T	たくさんの自動車を発表してくれましたね。みなさんの発表してくれた中にもあった消防車の図鑑を先生も作ってみました。

　教師の作った図鑑をプロジェクターで示すと，自分たちも作りたいと早速声が上がる。

3　どうしたら分かりやすい図鑑になるか考える（10分）

T	では，どんな図鑑にしたら分かりやすいか，教科書を読んでみましょう。

●指導のポイント

　自分の知っているもしくは見たことのある自動車について，どこで見たかどんな時に見たかも発表することで，驚いたり感心したりもっと知りたいという共感と学習意欲が高まっていくようにする。そして，教師の作った図鑑を見せると自分も作ってみたいという声が次々と上がったところで，どんな図鑑にしたら分かりやすいか教科書を示し，「つくりとはたらき」に焦点化していく。

〈板書例〉

じどう車くらべ
めあて
　しっているじどう車を
はっぴょうしよう。

※どんなときに，どんなところで
　見たのかもはなそう。

・きゅうきゅう車　びょういんのまえ
　　どうろ

・キャンピングカー　キャンプにいった
　　とき
　　キャンプじょう

・しょうぼう車　あかしんごうでも
　　はしっていた。

・コンクリートミキサー車　うしろのところが
　　ぐるぐるまわって
　　いた。

・ロードローラー　こうじをしている
　　ところ
　　車のまえにロー
　　ラーがついてい
　　てどうろをたい
　　らにしていた。

授業づくりのポイント

1 言葉を使って説明する学習であることを意識付ける

　教科書の問いの文に対しての答えが何なのかを明確につかむことができるようにする。

　教科書の問いと答えの関係を学習した後，「2つの問いの文」を言う子供2名と「それぞれの答え」を言う子供2名を1グループにして発表する時間をつくる。グループの中で役割交代をしながら発表することで，文章の構造と内容の把握を確実にし，どの言葉が大切であるか理解できるようになる。

「トラックについてはっぴょうします。」
「では，しつもんします。」
「どんなしごとをしていますか。」
「トラックは，にもつをはこぶしごとをしています。」
「そのために，どんなつくりになっていますか。」
「そのために，うんてんせきのほかは，ひろいにだいになっています。」
「おもいにもつをのせるトラックには，タイヤがたくさんついています。」

2 図鑑を作るという見通しをもたせる

　知っている自動車，見たことのある自動車などを発表し合う中で，もっと知りたいから調べてみたいという意欲を喚起する。さらに教師の手づくり図鑑を見せることで，自分も作ってみたいと具体的な目標をもたせるようにする。そして，お気に入りの自動車の話を分かりやすく説明するには，どんなことを図鑑に書けばよいかを前時までの学習で子供がしっかりとつかめるようにする。

3 図鑑を選び，教科書で学んだことを基に必要な情報を見付けることができるようにする

　「しごととつくり」を見付け，色別の付箋を付けていく。（例えば，「しごと」は赤，「つくり」は青）

　教科書の文を参考に，「しごととつくり」の文章をノートに書いてみる。できるだけ，短い文が分かりやすいというアドバイスや友達の文を紹介していくようにする。

4 「お気に入りのじどう車」の発表をインタビュー形式で行う

　一人の子供を例に教師がインタビューのやり方の手本を示してみる。インタビュアーを通し，自分の知りたいこと感心したこと驚いたことなどを共有共感できるようにする。インタビューされることで，発表者もお気に入りの自動車をより詳しく知らせ，自分の考えの再構成もできるようになる。マイクを使うことで，子供の意欲はさらに高まっていった。

インタビューの例
・どんなしごとをしていますか。
・そのためにどんなつくりになっていますか。
・そのつくりになっていなかったらこまることはどんなことですか。
・どんなところがお気に入りですか。
・ほかにききたいことはありませんか。

評価のポイント

1　単元の学習が，子供の調べ学習に変化をもたらすきっかけとなったか

　今回の学習「しごとととつくり」が教材文から読み取れただけでは，読む能力が付いたとは言えないであろう。自分の調べたいことの載っている図鑑を選び，必要な事柄を抜き出すことができてこそ，読む能力が育ってきていると評価すべきであろう。今回の図鑑づくりが，次の説明文「どうぶつの赤ちゃん」に生かすことができ，学年が上がっての調べ学習につながっていく活動にしていく。

2　「じどう車のしごととつくり」が書いてある言葉を押さえているか

　自動車の仕事とそのためにどのように作られているかということを，問いと答えのつながりに注目し，文章の中から選び出して関連して話すことができたかをグループ活動の中でも見取っていく。

3　選んだ自動車の気に入ったわけをしっかり話すことができるか

　自分が，なぜその自動車を選んだのか，その自動車のどこがすごいと思ったのか，自慢したいところ，気に入ったところはどこなのかなどを自分なりの言葉で表現し，聞いている人に伝えようとしている姿を大切にする。

4　友達のお気に入り図鑑の発表を聞いて，感想をもつことができるか

　友達の発表を聞いて具体的に，○○さんのここが面白い，ここがすごい，このことをもっと聞いてみたい，こんなことがなるほどと思った，わたしもこんなところを同じように思った，こんど図鑑やカードを作る時にはまねをしてみたいなどと伝えることができるような互いに認め合う場面をつくっていく。

（成瀬マリ子）

第2学年 「あなのやくわり」（東京書籍）

文章から重要な語や文を考えて選び出し，読み取ったことを基にして，
身近にある穴の役割について説明することができる

資質・能力 文章の中の重要な語や文を考えて選び出し，文章の内容と自分の体験とを結び付けて，感想をもつこと（C読むことエ，オ）

言語活動例 事物の仕組みを説明した文章などを読み，分かったことや考えたことを述べる活動（言語活動例ア）

深い学びにつながる教材研究のポイント

「穴は何のためにあいているのか」というテーマについて説明した文章である。形式段落ごとに内容がまとめられているため，重要な語や文が見付けやすく，「はじめ」「中」「おわり」の構成も捉えやすい。「はじめ」に問いの文（あなは，～いるのでしょうか。）があり，「中」では例を挙げてその答えを述べ，「おわり」で全体をまとめる（このように～）という説明文の典型的な形式である。身近にある物が例に挙げられており，教材文から読み取ったことと自分の経験とを結び付けながら自分の思いや考えをまとめていくことに適した教材文と言える。「中」の各段落が，穴のあいている物（～には，）→穴の役割（これは～ためのあなです。）→理由の詳しい説明（～のです。）の構成で書かれていて，それぞれにキーポイントとなる言葉があることに気付かせながら読みを深めて，言葉を習得する。身近にある穴の役割について説明する活動を通して言葉の力を生かすことで「深い学び」につながる。

学習過程のポイント

ここでは，導入時に身近にある穴についてクイズをして興味を高めることから学習を始める。

1 単元の指導計画（全14時間）

1 第1次 課題設定と学習の見通し	2 第2次〈1〉 課題追究 穴の役割と穴があいている理由を重要な語や文から読み取る
①身近な物で穴があいている物を見付けて，どうして穴があいているのかを話し合って考える。全文を読み通し，「謎解き探偵団」として解決文を書くという学習の見通しをもつ。また，難しい言葉などについて国語辞典を活用して調べる。 ②文章全体を形式段落に分け，「はじめ」「中」「おわり」の文章構成を理解する。どんな物が紹介されているかなどの内容の大体を捉える。「はじめ」からは，話題が提示されていることと「問い」の文があることを理解する。	③第②段落の文に番号を付けて，4つの文から成り立っていることを確認する。文の内容と順序が穴のあいている物（～には，）→穴の役割（これは～ためのあなです。）→理由の詳しい説明（～のです。）の構成であることを理解する（3色に分けてサイドラインを引く）。　　　　　　（本時） ④⑤⑥プラグの穴，植木鉢の穴，醤油差しの穴を重要な語を手掛かりにそれぞれ3色にサイドラインを引いて，文章の順序が同じ構成であることを理解する。

2 指導目標

- 言葉には事物の内容を表す働きがあることに気付かせ,話や文章の中で使うことで語彙を豊かにすることができるようにする。(知識及び技能(1)ア,オ)
- 事柄の順序を考え,文章の中の重要な語や文を考えて選び出すことができるようにする。また,既有知識や実際の経験を結び付けて内容の理解を深めるとともに,身近にある穴の役割について説明できるようにする。(思考力,判断力,表現力等Cア,ウ,オ)
- 身近にある穴の役割について理由を表す言葉や説明の順序を手掛かりに読み取り,分かったことや考えたことについて進んで話し合おうとしている。(主体的に学習に取り組む態度)

3 評価規準

知識・技能	思考力・判断力・表現力等	主体的に学習に取り組む態度
○問いの文と答えの文の関係に気付いている。 ○話題を表す語,指示語,理由を表す語,文末表現などの事柄の順序を表す重要な語に気付いている。	○「はじめ」「中」「おわり」の3つの大段落の構成と,大体の内容を捉えている。 ○重要な言葉や文を基に,説明の順序も同じになっていることに気付いている。 ○既有知識や実際の経験を結び付けて内容の大体を理解し,分かったことや考えたことを説明する文章を書くことができている。	○「謎解き探偵団」として身の回りにある穴のあいている物に関心をもち,穴の役割について考えようとしている。

---

3 第2次〈2〉 課題追究 穴の役割と穴があいている理由を重要な語や文から読み取る
⑦「おわり」の第⑥段落を読んで,全体のまとめであることを押さえる。「中」の文章の構成と重要な語について確認する。「中」に書かれた穴の事例を自分の経験と結び付けながら読んだ感想を伝え合う。
⑧⑨「謎解き探偵団」として「あなのやくわり」で学習した説明の仕方を基に,身近な穴の役割について考えたり,調べたりして文章に書く準備をする。

4 第3次 まとめ・発展―学習の振り返り
⑩⑪⑫「あなのやくわり」の説明の仕方(文章の順序,理由を表す言葉等)を基に,身近な穴の役割について説明する文章を書く。
⑬「謎解き探偵団」として見付けた身近な穴の役割について書いた文章をグループで紹介し合って感想を交流する。
⑭説明的文章を読む学習を振り返って,学んだことや身に付いたことを確認する。

授業の展開例（本時第3時／全14時間）

1　前時の学習を振り返る（5分）
　前時までの学習では，文章全体の構成を区切り，何について書いてあるかの内容の大体を捉えている。また，第①段落では，話題が提示されていることと問いの文があることを学習した。

- **C1**　いろいろな物の穴があいている役割について書いてある文章だったよ。
- **C2**　五十円玉やうえ木ばちの穴について書いてあった。
- **C3**　しょうゆさしやコンセントのプラグも書いてあったな。
- **C4**　①段落には，問いの文があったよ。

2　学習課題をつかむ（20分）
　文の役割を知りながら重要な語に気付き，五十円玉の穴の役割について考える。

> 学習課題　五十円玉の　あなは，何の　ために　あいて　いるのかを　考えよう。

　第②段落の文章は4つの文で成り立っている。1つずつの短冊文を作り，言葉に着目できるように一文ずつ音読させる。

- **C1**　五十円玉に穴があいているのは，百円玉と区別するためだよ。
- **C2**　五十円玉と百円玉を間違える人がいたからだよ。

　問いの答えとして考えられる文が2つ挙げられる。どちらとも理由としては正しい読み取りをしている。しかし，「あなは，何の　ために　あいて　いるのでしょうか。」という問いに正対している文ではない。言葉に注目するといいことを助言していくことで，「〜ため」という言葉が共通していることに気付き，文章を読む時には重要な言葉があることを知るきっかけとなる。

- **C3**　問いの文に「何の　ために」って書いてあるよ。
- **C4**　②段落の2番目の文に「くべつをする　ための」って書いてある！
- **C5**　答えは「これは，……あなです。」（p.109 L2〜L4）だ。

　問いに対する文を見付けたら，問いの文のサイドラインと同じ色でラインを引かせる。また，見付けた言葉を丸で囲ませる。単元を通して繰り返し行い，説明の順序が同じであることに気付かせていく。

●指導のポイント
　穴の役割について説明している段落には隠れた問いが存在する。1つ目は，第①段落と同様の「あなは，何のために　あいて　いるのでしょうか。」，2つ目は，「なぜ　そうした　あなが　あるのでしょう。」という問いだ。この2つの問いに正対する答えを見付けるためには，

問いと答えに使われている言葉を捉えさせることが大切な指導となる。問いの文にも使われている言葉「～ため」や『なぜ』,『どうして』という問いの答え方「～からです。」,「～のです。」という言葉である。文章を確かに読む力が言葉を基にして1つずつの文章の意味と役割を考えさせていくことで身に付く。

3 「中」の各段落を構成する文の役割と説明の順序について, 重要な語や文に着目しながら考える（20分）

> 学習課題　〇〇〇は　どんなじゅんじょで　せつめいされているのか　考えよう。

●指導のポイント

　1つ目の文　重要な語「～には, あなが　あいて　います。」→穴があいている物の紹介。
　2つ目の文　重要な語「これは, ～ためです。」→第①段落の問いに対する答え。
　3つ目・4つ目の文　重要な語「～のです。」→2つ目の文をさらに深めた詳しい説明。

　3つ目と4つ目の文は, 接続語や前文との言葉のつながりに気付かせることで文の役割について理解を深めることができる。「中」の各段落を構成する文の役割に気付かせていくためには, 根拠をもたせたい。常に教材文の言葉を基に学習が進められるようにする。また, 第3時で文の役割と説明の順序を理解することで, 次時以降も各段落の説明の順序を言葉を基に自ら説明できるようになる。

〈板書例〉

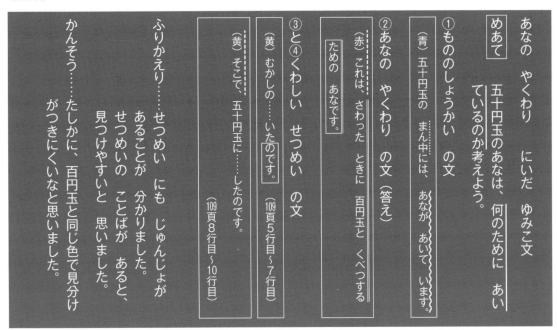

授業づくりのポイント

1　言葉を基に考える力を養っていくことを意識して授業を組み立てる

　国語科の学習は，言葉がもつよさを認識し言語感覚を養っていくことで，自分なりのものの見方や考え方を形成することに役立つ。低学年においては，順序立てて考える力に重点を置いて学習計画を立て，学びを積み重ねていくことで，筋道を立てて自分の考えを形成できる力が身に付いていく。そのために，常に教材文に示されている言葉を基に根拠を述べることができるようにする。学習の過程において，考えの根拠となる重要な言葉や文を見付けてサイドラインを引く活動で言葉の意味や働き，使い方など「言葉の学び」の充実を図るようにする。

2　問題（問い）を意識して事柄の順序とそれに伴う言葉を知ることで，語彙を増やしたり質を高めたりする

　低学年の説明文は１段落が短く，簡潔に書かれている。「はじめ」に話題提示と問いが書かれていることが多い。問いを明らかにする読みをするためには，「なぜ」，「どうして」といった疑問をもつ必要がある。身近な出来事に対して「なぜ」，「どうして」という疑問こそが，論理的思考力の育成には欠かせない。そのため，話題を捉えさせるとともに問いを毎時間，確認してしっかりと押さえることで答えに結び付く言葉に気付くことにつながる。

　言葉を基にそれぞれの文の役割を知ることで，説明の順序を意識して文章を読むことができる。「あなのやくわり」の「中」では，次のような文の役割がある。

文の役割	本文
あなの物と場所	五十円玉の……あいています。（p.109 L1〜L2）
あなの役割	これは，……あなです。（p.109 L2〜L4）
理由の詳しい説明	むかしの……いたのです。（p.109 L5〜L7）
	そこで，……したのです。（p.109 L8〜L10）

　それぞれの文の役割を示す言葉を見付けながら，この順序で説明されていると読む人に伝わりやすくなることを全員で確認していきたい。これにより，文の役割と言葉とが結び付けられ，文の構成が整理されていく。同じような文章を繰り返し読むことで順序を意識し，それぞれの文の役割を表す語彙に着目するため，個々の語彙の獲得が広がり自分の言葉で考える素地が形成されていく。

3　獲得した語彙を活用するために話したり書いたりする活動をする

　日常生活における語彙として活用できるようにすることで言葉の知識が積み重なっていく。「あなのやくわり」の第②，③段落は「穴の便利さの観点」，第④，⑤段落は「穴がないと困る観点」から穴の役割について書かれている。観点が変わると文で使う接続詞や助詞の使い方も

変わる。読む人に分かりやすく伝えるためには、どの言葉を使うとよいかということを、今まで習ってきている言葉を基に組み合わせることにより言葉を豊かにしていく。

評価のポイント

1 単元の学習が、子供たちの説明の仕方に変化をもたらすきっかけとなったか

　低学年の子供たちはごっこ遊びを学習に取り入れると意欲的に活動することが多い。今回は単元を「謎解き探偵団」と称して、生活に身近な『穴』を見付けて、どんな役割があるのかを探り、紹介するという単元の学習である。目的をもって学習を進めていくため、学習過程でも身近な『穴の役割』に敏感に反応し、「なぜだろう？」と疑問をもって生活すると考えられる。
　生活体験を基に理由を考えたり、調べたりして、他者に分かりやすく説明するというごく自然に行われている活動こそが論理的思考力をはぐくむ活動と一致している。教師は、子供たちが不思議や疑問を常にもち、思考力を働かせているかどうかを観察し、評価に生かしていく。

2 重要な語や文の言葉を基に順序を意識して読むことができているか

　第2次の単元計画では、学級全体で「中」の各段落の説明の順序やそれに関わる重要な語があることを1つずつ丁寧に確認しながら進める。1つの段落が4、5文で構成されているので、1つずつの文を色分けしてサイドラインを引かせる。それぞれの文がどんな役割があり、その順序で書く良さを第②段落で感じさせる。第③〜⑤段落も同じ順序で書かれている文章を子供たちが重要な語を基に説明の順序を思い出して個人でサイドラインを引く活動をさせる。その後、ペアでサイドラインを引いた理由を説明させる。その際、教師は、重要な語を基に順序を意識してサイドラインの色分けができているかを見取るようにする。

3 学習したことを実際に活用する学習を通して「深い学び」を実感させられたか

　他の説明文を読む時や誰かに自分の考えを伝えようとする時に順序を考えているか、自分の考えを述べる時の主張と根拠が明確になっているかなど、生活場面においての言葉の働かせ方を意識的に感じることが大事である。「あなのやくわり」の説明文を読む学習がそのまま終わってしまっては、論理的思考力の育成は不十分である。学習後に、獲得した言葉を使って自分の考えを説明する活動を取り入れ、言葉が増えたり質が高まったりしたかを確認する。学習後に、子供たち自身が、日常生活において使える言葉を確実に身に付けさせる。また、友達と共有することで新たな言葉の獲得につながり、言語感覚をより豊かに養っていくようにする。

（金成真衣子）

第3学年　「すがたをかえる大豆」（光村図書）

事例の配列に気を付けながら説明文を読み，調べた内容（事例）の配列を意識しながら食べ物の紹介文を書く

資質・能力　段落相互の関係に着目しながら，考えとそれを支える理由や事例との関係などについて，叙述を基に捉えること（C読むことア）

言語活動例　記録や報告などの文章を読み，文章の一部を引用して，分かったことや考えたことを説明したり，意見を述べたりする活動（言語活動例ア）

深い学びにつながる教材研究のポイント

　説明文の事例の配列の仕方には，筆者の意図が表れる。どのように事例が配列されているのかを検討することは，筆者が説明文を通して何を伝えようとしているのかを明らかにするうえで重要である。「すがたをかえる大豆」では，大豆由来の9つの食品が5つの事例に分類され，加工の工程ごとに順序よく説明されている。5つのうち4つの事例は，簡単に加工されるものから複雑な工程を経て加工されるものへという順に並べられ，そもそも加工されないもの（えだ豆・もやし）が「これらのほかに」と添加されている。このような事例の配列に着目し，筆者がどのように述べているか，なぜそのように述べているのかを「主体的・対話的」に捉えていく。そのうえで，自分が説明文「すがたをかえる○○」の書き手になった時も，どのように事例を配列すれば，よりよく伝わるのかを注意深く思考することで「深い学び」につながる。

学習過程のポイント

1　単元の指導計画（全13時間）

1　第1次　課題設定と学習の見通し	2　第2次〈1〉「すがたをかえる大豆」を読む
①「食べ物クイズ」を楽しみ，加工食品に興味をもつ。（例：チーズは何から作られているでしょう？） ・栄養教諭の願いを聞き，食べ物のひみつを発信するという目的意識をもつ。 ・加工される食品に関する書籍を読む。（以降，並行読書とする。） ・「すがたをかえる食品の紹介文」を書くことを知り，教材文「すがたをかえる大豆」から書き方を学び，学んだことを生かして書くという単元の見通しをもつ。	②範読を聴き，音読練習をする。分かりやすいところはどこかを確認し，説明の仕方に目を向ける。 ③紹介される食品の数が9つあることを確認する。多様な姿に加工されるのは，大豆の良さに気付いた昔の人々の知恵があったことを確認する。 ④文章をはじめ・中・おわりの3つのまとまりに分け，問いの文を考えることで，中（本論部）で何が説明されているかを捉える。

2 指導目標

・考えとそれを支える理由や事例，全体と中心など情報と情報との関係について理解したり，観点を明確にして比較したり分類したりできるようにする。

（知識及び技能(2)ア，イ）

・段落相互の関係に着目しながら，考えとそれを支える理由や事例との関係などについて，叙述を基に捉えられるようにする。

（思考力，判断力，表現力等Cア）

・段落相互の関係に着目しながら読み，分かったことや考えたことを話し合おうとしたり，段落相互の関係を意識して，分かりやすい説明文を書こうとしたりする態度を育てる。

（主体的に学習に取り組む態度）

3 評価規準

知識・技能	思考力・判断力・表現力等	主体的に学習に取り組む態度
○主張と事例の関係について理解し，筆者の説明の意図を理解している。 ○事例の分類の仕方や順序について，観点を明確にして説明している。	○段落冒頭の接続語やトピックセンテンスに着目して，事例と事例の関係を捉えている。	○段落相互の関係に着目しながら読み，分かったことや考えたことを話し合おうとしている。 ○段落相互の関係を意識して，分かりやすい説明文を書こうとしている。

3 第2次〈2〉「すがたをかえる大豆」を読む	4 第3次 「食べ物の紹介文」を書き，発信する
⑤豆腐に加工される工程を「へんしんカード」にまとめる。その他の食品の工程についても「へんしんカード」にまとめ，食品の工程の過程を捉える。 ⑥9つの「へんしんカード」を様々に分類する。自分たちの考えた分類と筆者の分類を比較する。 ⑦接続語を手掛かりに，5つに分類された事例の順序を検討する。　　　　　（本時）	⑧栄養教諭のお便り「すがたをかえる牛乳」を検討する。（事例の順序が違う2種類の文章を提示する。） ⑨「すがたをかえる○○」の事例を集め，「へんしんカード」に加工の工程を書く。 ⑩相手に応じて，事例を配列する。 ⑪⑫下書きをして，推敲する。 ⑬清書をして，読み合う。 ※その後，給食便り・お昼の放送・掲示板を通じて発信する。

授業の展開例（本時第7時／全13時間）

1 前時の学習を振り返る（5分）

前時では，以下のように，「へんしんカード」が分類された。「どんな仲間分けがあったかな？」などと，問いながら，テンポよく黒板に貼っていく。

A　　　　B　　　　C　　　　D　　　　E

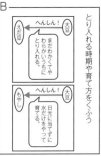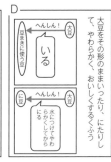

2 事例を並び替える（15分）

接続語をヒントに筆者が配列した事例の順序を考えさせる。ここまでは，教科書は閉じた状態で授業を進める。

> 学習課題　なぜ大豆は姿を変えるのか説明の順序を考えよう。

ペアで話し合わせながら，5つの事例を並び替えさせる。一つ一つ必ず理由を話しながら，互いに納得して進められるようにする。

- **C1**　「いちばん分かりやすいのは」って書いてあるから，最初はDだよね。
- **C2**　そうだね，「その形のまま」だから，あんまり変身してないよね。
- **C3**　じゃあ，次がCだね。きなこは，いったものを粉にひくから，ちょっと変身が大変。
- **C4**　そうそう。でも，なっとう・みそ・しょうゆととうふは，どっちが先かな？
- **C5**　どっちも，変身が大変だよね。簡単なものの順序に，並んでると思うんだけど…。

●指導のポイント

学級によっては，簡単に並び替えが完了することが想定される。ここまでの学習で何度も音読をしていれば，子供たちは自然と説明の順序を記憶している。そんな時は，「本当にE→Aという順で合っているかな？」などと，ゆさぶりをかける。すると，子供から「豆腐の方が一日でできて簡単」，「納豆・みそ・しょうゆは，時間をおかなければならない」，「小さな生物の力を借りるというのが難しい」などという反応が返ってくる。並び替えという活動を通して，もう一度本文を読み直させる態度を引き出したい。

3 筆者の意図を検討する（25分）

「へんしん」の過程が簡単なものから複雑なものへと事例が配列されていることが確認されると、D→C→E→A→Bという事例の順序が見えてくる。しかし、「簡単な順」という観点からすると、なぜB（えだ豆・もやし）が最後にあるのかという問いが発生する。そこで、次のように問い返す。

> 学習課題　なぜ、筆者はB（えだ豆・もやし）を最後にしたのか。

次のような反応が予想される。
- **C1**　最初の4つは他の材料や道具を使っているけど、最後の1つは採るだけ。
- **C2**　最初の4つは台所とか工場の話、最後の1つは畑の話。
- **C3**　最初の4つは調理している話。最後の1つは調理してない。
- **C4**　最初の4つは漢字の「大豆」。最後の1つはカタカナの「ダイズ」。
- **C5**　変身の仕方が違う。最初の4つは、堅くなった大豆を変えていて、最後の1つは柔らかいうちに採っている。

●指導のポイント

上の反応のように、子供は自然とBとD・C・E・Aを対比する思考を働かせる。この時、意識されていなかった「これらのほかに」という接続語の意味が明確になる。ここで、D・C・E・Aは加工の過程が簡単な順になっていること、4つの事例とBは加工をするものと加工しないものという観点で対比されること、このような二重の基準で分類整理している筆者の論理を確認する。

〈板書例〉

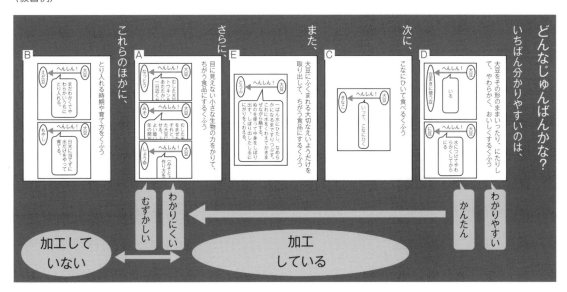

授業づくりのポイント

1 ダイナミックに単元を構成する
　本単元では，第3次で子供一人一人に説明文を書かせる。子供の作品は，栄養教諭に協力を要請し，給食便りの一コマに掲載させてもらったり，給食関係の掲示板に貼らせてもらったりするなどして，発信の場をつくりたい。また，様々な「すがたをかえる食品」に触れられるように，並行読書のための書籍を集めておくようにする。単元導入前に，図書館司書に依頼して，地域の図書館から団体貸し出しをしてもらうなどして，加工される食品の図鑑や絵本を集めておくとよい。

2 第2次の学びを第3次で生かす
　本単元では「書くために読む」という流れで単元を構成した。第2次の「すがたをかえる大豆」を読む活動では，「事例の配列」について考えさせる。事例はただ羅列されているわけではなく，意図的に選材されている。第3次の作文では，第2次の学習を踏まえて，自分なりに意図をもって事例を配列して説明文を書かせるようにする。

3 言葉による見方・考え方を養う
　説明文の読みの授業は，説明内容を捉えることを通して，言葉の使い方（使われ方）を自覚する必要がある。例えば，本単元では，「事例の配列」について検討する活動を通して，子供たちが「大豆」と「ダイズ」の表記が書き分けられていることの意味に気付かせることができる（「大豆」は食品としての対象，「ダイズ」は植物としての対象）。また，「いちばん分かりやすいのは」，「これらのほかに」という接続語が，どのような論理を展開する標識になっているのかに気付かせることができる。

4 文章を別の形式に置き換える
　説明文の論理を可視化するためには，連続型のテクストを非連続型のテクスト（表，図，グラフなど）に置き換えることが大変有効である。例えば，対比構造を明らかにするための表を作成したり，順序性を明らかにするために挿絵を並び替えたりするなどの活動が考えられる。本単元では，9つの食品がどのように分類されているのかを明らかにするために，「へんしんカード」にまとめる活動をしている。これらは，トピックセンテンスによって，5つのまとまりに分類される。これは，具体と抽象のつながりを可視化する手立てとなっている。

評価のポイント

1 事例の配列には筆者の意図が反映することが理解されているか

　事例の配列は、絶対的なものではなく、筆者の主張につながるように、意図的にされるものである。「へんしんカード」を説明文通りに並び替える活動は、筆者の意図に気付かせる仕掛けとなる。並び替えの妥当性について、理由を述べている発言を価値付けるようにしたい。「簡単なもの順」、「へんしんに時間がかからないもの順」など、筆者の論理を自分の言葉で言語化している姿を見取るようにする。また、授業終末で振り返りを書かせることで、分かったことを表出させるようにする。

2 言葉を意味付けているか

　論理が見えてくると、言葉の働きを自覚的に捉え直す姿が見られるようになる。例えば、「大豆」と「ダイズ」という表記が書き分けられる意義は、４つの事例が「大豆」の加工についての例であり、最後の１つが「ダイズ」の収穫や栽培についての例であることとつながり、説明の一貫性が担保されている。活動の中で起こる気付きを、見逃さずに価値付けたい。「○○さんが気付いたことを、お隣さんに話してみよう。」、「○○さんの言いたいことは分かるかな？」などと、一部の子供の発言やつぶやきを再話させたり、要約させたりしながら、全員に言語化させることで、理解を見取ることができる。

3 読みの学習が説明文を書く活動へつながっているか

　「事例をどのように並べるか？」ということを実際に繰り返しさせることで、事例の配列の仕方は様々にあるということが理解されていく。例えば、第３次で、「すがたをかえる牛乳」を設定し、チーズ・ヨーグルト・バターを自分だったらどの順序で並べるかを問う。６通りの配列が可能であるが、どのような論理でそう並べたのかを説明できるかどうかが重要になる（例えば、チーズ→バター→ヨーグルトの場合「時間がかからない順」、「給食によく出る順」など）。

　第３次の後半では、実際に自分で説明文を書くが、「へんしんカード」を並べ替えながら、どんな順序で事例を並べているのかを言語化させるようにする。

（岩崎直哉）

第4学年　「ウナギのなぞを追って」（光村図書）

科学読み物を読んで，興味をもったところを中心に要約して，本の紹介をする

資質・能力　目的を意識して，中心となる語や文を見付けて要約すること（C読むことウ）

言語活動例　記録や報告などの文章を読み，文章の一部を引用して，分かったことや考えたことを説明したり，意見を述べたりする活動（言語活動例ア）

深い学びにつながる教材研究のポイント

　海洋生物学者である筆者が，ウナギの産卵場所を求め，36年という長い年月をかけてついにその場所を突き止める報告文である。レプトセファルスと呼ばれるウナギの稚魚の体長から，次第に謎が解けていく様子，筆者たちの予想に沿って調査が進められ，その予想が的確に当たっていく様子，またその調査に費やした年月の長さなど，読者の興味を惹く部分は数多くある。

　自分が興味をもったのはどの部分か，その興味に沿って文章を読み，紹介文を書くという目的に応じて文章を要約する活動を通して，文章の全体を俯瞰して読んでいく。そのためには，子供一人一人の興味の観点に応じた中心となる文を見付ける力，紹介文を書くために必要な語を選ぶ力，既習の接続詞や文末表現に気を付けながら文や文章を作る力を駆使していかねばならず，常に言葉による見方・考え方を働かせながら読み進めることが「深い学び」につながる。

学習過程のポイント

　この学習では，導入時に全文の概要をつかみ，自分が興味をもったところを設定することから始める。自分のもった興味の内容が，文章を読み進めるうえで大切な視点となる。

1　単元の指導計画（全10時間）

1　第1次　全文の概要把握と課題設定	2　第2次〈1〉　課題追究　各段落ごとに読み進め，興味の視点に沿った要点をまとめる
①②全文を読み通し，文章全体の概要をつかむ。形式段落に分け，本文の「はじめ」，「中」，「おわり」がどのように構成されているかを理解する。また，難語句や専門用語については，辞書で調べたり，解説を加えたりしながら確実に意味を理解できるようにする。 ③一斉音読をしながら，この文章の面白さはどこにあるかを考える。興味をもったところを発表し，子供一人一人が読み深めていく課題を設定するとともに紹介文を書くという学習の見通しをもつ。	④上段には全文を見開きで読むことができ，さらに下段では要約をまとめることができる冊子（ウナギブック）を用いて，段落ごとに要点をまとめる。要点のまとめ方について一斉指導し，「さがす」，「選ぶ」，「つなぐ」をキーワードに興味の観点に沿った要点をまとめる。（「中」の部分　第④〜⑥段落）　　　　　　　　　　　　（本時） ⑤⑥前時と同様に残りの段落の要点をまとめる。段落ごとにまとめ方を交流し，視点によってまとめる内容が異なることを知る。

2 指導目標

・要約を目的とした読解を通して，主語と述語の関係，指示する語句と接続する語句の役割，段落の役割について理解する。

(知識及び技能(1)カ)

・興味をもったところを紹介するという目的を意識して，中心となる語や文を見付けて要約することができる。

(思考力，判断力，表現力等Cウ，カ)

・本を紹介する目的に沿って文章をまとめることで，言葉の働きや読む楽しさを味わい，感じたことを交流しようとしている。

(主体的に学習に取り組む態度)

3 評価規準

知識・技能	思考力・判断力・表現力等	主体的に学習に取り組む態度
○主語と述語の関係を理解しながら筆者の予想や調査の結果などを区別して文章を読むことができる。 ○要約の学習活動において，指示する語句や接続する語句の役割を理解し，それらの語句を適切に使っている。	○自分が興味をもった観点に沿って，中心となる文を見付けたり，重要な語句を選んだりしながら要約している。 ○紹介文の交流を通して，興味をもった観点によって要約する内容や，一人一人の感じ方などに違いがあることに気付いている。	○要約する活動を通して，同じ文章でも興味をもった観点の違いや，紹介するために引用する文の違いなどに気付き科学に関する本を楽しんで読もうとしている。

3　第2次〈2〉　まとめた要点を基にして，「ウナギのなぞを追って」の紹介文を書く	4　第3次　科学読み物を読み，文章を要約した紹介文を書いて交流する
⑦ウナギブックの上段に原稿用紙を貼り，下段の要点を参考にしながら，興味をもったところを中心に要約して，紹介文を完成させる。作成の段階においても，「さがす」，「選ぶ」，「つなぐ」をキーワードに，文を作る。 ⑧同じところに興味をもった子供や違うところに興味をもった子供の紹介文を読み合い，感じたことを伝え合う。目的によって中心となる文や全体の要約が異なることを知り，多様な表現の仕方があることに気付く。	⑨⑩並行して読んでいる科学読み物から，興味をもったところを中心に要約し，「おすすめの本」として紹介文を書いて交流する。 　学習後，子供の紹介文は全校児童の読書意欲を高めることを目的に学校図書館の中で活用し，「本のしおり」として全校児童の目に触れるように展示する。

第3章　「論理的思考力」を育成する説明的文章の授業づくり

授業の展開例（本時第4時／全10時間）

1 前時の学習を振り返る（5分）

前時で設定した「自分が興味をもったところ」を学級内で交流し，興味の観点は一人一人違いがあることや，自分の興味に沿って文章を要約するという課題を確認する。

- **C1** わたしは，ウナギはどうやって日本にやってくるのかというところに興味をもちました。
- **C2** わたしが興味をもったのは，少しのヒントから予想を立てて，その予想がすべて当たっているところです。
- **C3** わたしは，筆者がウナギのたまごを探すために，いろんなやり方の調査をしていることが面白いと思いました。

2 段落ごとに中心となる文を見付ける（20分）

自分が興味をもった観点に沿って文章を紹介する時，どの文や語句が必要かを考えながら読み進めていく。読んだ内容を，元の文章を生かしたり自分の言葉で補ったりしながら，「ウナギブック」の下段に段落ごとにまとめていく。

> 学習課題　文章を読んで，紹介するために大事な文を見付けよう。

段落ごとに全員で一斉に音読をする。家庭学習で音読をしているため，読む速度もそろっており，スムーズに読むことができる。もし，声がそろっていなかったり，途中で止まったりする子供があれば，全員でもう一度その段落を読み直す。より深く文章を読解するためには，声に出してスムーズに読めるようになることが不可欠であると考える。

- **T** このお話を紹介するために，はずすことのできない大事な文に線を引きましょう。また同じ段落の中で，大切な言葉があればマルで囲んでいきましょう。どのような言葉が大事だと思いますか。
- **C1** わたしは，ウナギのたまごを見付けるのに，長い年月がかかったところを紹介したいので，西暦が書いてあるところは大事な文だと思います。
- **C2** わたしは，ウナギがどうやって日本にやってくるのかに興味をもっているので，「レプトセファルス」のことが書いている文が大事だと思います。
- **C3** わたしは筆者たちの予想が当たっていくところが面白いので，「考えました。」や「〇〇〇のようなのです。」などの文の終わりの言葉に気を付けて線を引きました。
- **C4** わたしは，いろんな調査に興味をもっているので，調査の方法や筆者の考えが書いてある文が大事な文だと思いました。

●指導のポイント

　子供の興味の観点は，「年月」，「なぞ」，「調査」，「予想」に大別された。それぞれの観点によって引用する文は異なってくる。段落ごとにまとめる活動の際は，常に自分の興味は何であるかを意識し，一つ一つの言葉を確認し対話しながら読み進めていくようにした。

　第１次で文章全体の概要や段落の構成を確実に捉えているかどうかが，本時での活動，つまり段落ごとに詳しく読むことに大きく影響する。正確な「内容と構造の把握」が質の高い「精査・解釈」を支えていることに留意して指導計画を立てる必要がある。

3　段落ごとに要点をまとめる（20分）

　興味に沿った大事な文に線を引いたり，重要な語句をマルで囲んだりすることで，中心となる文や語を可視化できた。次の活動では，段落ごとに要点をまとめていく。

> 学習課題　線やマルをつけた部分をもとにして，段落ごとに短くまとめよう。

●指導のポイント

　要点をまとめる活動は，「さがす」，「選ぶ」，「つなぐ」をキーワードに進めていく。中心となる文や語を「さがした」子供は，そこからさらにまとめるために必要な言葉を「選ぶ」作業を経て，それらを「つないで」表出する。段落ごとにまとめた文はそのまま紹介文に活用で  きる。子供は主語と述語の関係を意識しながら何について説明されているか，引用した文は筆者の考えか調査の結果かなど，文の特徴を捉えながら読み進めていく。

　また，元の表現を生かしたり自分の言葉を用いることで紹介する内容を的確にまとめていく。これらの活動は，子供が紹介文を作るという課題解決に向かう過程において，「思考力，判断力，表現力等」を駆使する必要に迫られることになる。

C1の要点（第④〜⑥段落）「ウナギのたまごを見付けるのに，長い年月がかかったところ」

　④　レプトセファルスとよばれるウナギの赤ちゃんは，とうめいでやなぎの葉のような形をしている。

　⑤　最初にとれたのは，1967年，場所は台湾近くの海で体長は54ミリメートルだった。

　⑥　筆者がこの調査に加わるようになったのは1973年で，それからレプトセファルスの体長は40，30，20ミリメートルと小さくなっていった。

C2の要点（第④〜⑥段落）「ウナギはどうやって日本にやってくるのか」

　④　レプトセファルスがマリアナの海から日本まで来られるのは，海の中でしずみにくいやなぎの葉のような形をしているからだ。

　⑤　最初にとれたのは，台湾近くの海で体長54ミリメートル。これだとかなりのきょりを流

されている。
　⑥　さらに小さなレプトセファルスを求めて海流の上流に行くと，とれる体長はしだいに小さくなった。

C3の要点（第④〜⑥段落）「筆者たちの予想が当たっていくところ」
　④　たまごを産む場所を調査するためには，レプトセファルスという小さいウナギの赤ちゃんを追い求めることから始まった。
　⑤　最初にとれたのは，54ミリメートル。この大きさだとかなりのきょりを海流で流されてきたものと考えられた。
　⑥　上流に行くほど小さいものがとれると予想し，その予想は見事に当たった。

授業づくりのポイント

1　読むための目的，動機付けを明確にする

　本単元では，「読んだ文章を要約して紹介文に表す」という言語活動を設定したが，子供にはより必然性や緊張感をもってもらう目的で，学校図書館での展示を最終目標とした。このように，「自分の読みの解釈を校内の他の子供に伝える」状況をつくることで，分かりやすく伝えるために文章を論理的に読み，自分の言葉で再構成する学習活動を意図的に生み出すことができる。動機付けとなる言語活動の適切な設定が，単元を通しての子供の学習意欲につながる。

2　一文一文を類別して自分の紹介文に必要な情報を取り込む

　第1次では，概要を捉えるために音読を重視した読みになるが，段落ごとにまとめる第2次に入ると，一文一文を精査し類別していくことが必要となってくる。④段落目を例にした場合，それぞれの文は，調査を説明した文，レプトセファルスを説明した文に分けることができる。自分の興味に沿ってどの文が重要か，または重要でないかを判断することで論理的な思考力が働くと考える。⑤段落目では調査がいつ実施されたかという具体的な年代，さらにレプトセファルスの体長や筆者の予想も読み取ることができる。どの部分を引用してまとめていくかを考えることで文章を類別しながら詳しく読む能力が身に付く。

3　選んだ文や語句をそのまま生かしたり自分の言葉を用いたりしてつなぐ

　自分が興味をもったところを紹介するために大事な文を探し，はずすことのできない重要な語句を選んだ後は，いよいよまとめる作業に入る。この時，選んだものを並べるだけでは文として成り立たないため，主語を換えたり接続詞を用いたりしながら，意味の通る文に直す必要

がある。子供は既存の語彙を総動員させながらまとめていくのだが，他者との交流によって語彙を広げたり適切なつなぎ方を学んだりする時間も確保していく。自分の興味の視点を述べた後，段落ごとにまとめた文を交流する。同じ興味の視点をもつ子供との交流は，大事な言葉を選んでいてもまとめることが苦手な子供にとって大いに参考となる。

C5の要約文（第④・⑤段落）「たまごを見付けるのに36年もかかったところ」

④　たまごを産む場所をさがす調査は，より小さいレプトセファルスとよばれるウナギの赤ちゃんを追い求めることから始まる。

⑤　レプトセファルスが最初にとれたのは，1967年，台湾近くの海で54ミリメートルの大きさ。これだと生まれてから時間がたっているので，かなりのきょりを流されてきたと思われた。

C5は，④段落目において調査の開始を述べた文を中心に選んだが，その文の中にレプトセファルスを説明する部分を組み入れ，見事に一文で伝えたいことをまとめている。⑤段落目においても，「思われました。」，「考えられました。」と書かれた文末から，どちらも筆者の予想を述べた文と捉え，元の表現を生かしつつまとめている。このように言葉を通して思考することで書かれている内容を深く理解できる。

評価のポイント

1　単元の学習を通して，子供の読書志向が知的欲求を満たすためのものへと変化したか

　「ウナギのなぞを追って」を読み，なぞを解いていく面白さを知った子供は，科学読み物を紹介する目的で自分の興味は何かを考えた。今回の学習以後も，今までのシリーズ物やアニメ映画の文庫版等に偏っていた子供の読書志向が，もっと知りたい，知ったことを伝えたいという欲求を満たすものへと広がっているかを継続的に確認する必要がある。学校図書館での読書傾向や週二日の朝読書の時間においても，子供の学びに向かう力を見取っていくようにする。

2　本文の構成要素を精査しながら，中心となる語句や文を用いて要約することで「深い学び」を得ることができたか

　要約して紹介するという目的のもと，子供は自分の興味に沿って中心となる語句や文を選ぶ活動を行った。主語は何か，何についての説明かという基礎的な理解から，文末表現に着目して，この文は調査の結果（事実）か筆者の予想（意見）かなど，それぞれの文がもつ性格を類別しながら中心となる文を選んでいるか，論理的な思考ができているかを見取る。さらに必要な語句を用いて接続詞や助詞を駆使して要約できているか，読んだことを自分の言葉で表現する活動を通して「深い学び」を子供自身が感じられるようにする。「ウナギブック」は一連の活動を可視化できる自己評価の機能も合わせもっている。

（森本隆史）

第5学年 「世界遺産　白神山地からの提言」（教育出版）

目的に応じて，文章と図表などを結び付けて読み，提言ポスターで発信する

資質・能力　目的に応じて，文章と図表などを結び付けるなどして，課題を解決するために必要な情報を見付けながら自己の立場やその根拠を明確にすること（C読むことウ）

言語活動例　白神山地について説明している文章を自己の経験と比較しながら読み，分かったことや考えたことを，文章にまとめる活動（言語活動例ア）

深い学びにつながる教材研究のポイント

　本教材は，植物学者と生物学者の立場から白神山地の魅力や自然を守るための方策について述べられている。植物学者の視点からは，白神山地ならではのブナの森の歴史や人々の努力が，生物学者の視点からは，人が入ることを規制している「核心地域」と，限られた条件の中で人間と自然が触れ合うことのできる「緩衝地域」の役割について資料と結び付けながら論じられている。どちらも，筆者の主張が前面に押し出されているわけではなく，読み手が文章を基に立場やその根拠を考えながら読むことができる余地のある文章である。そこで，「今後の自然と人間との関わり方」という大きなテーマを設定し，自分の立場やその根拠を明確にするために複数の文章や資料を比較しながら読み深めることで「深い学び」につなげていく。

学習過程のポイント

　ここでは，導入時に自然体験活動（総合的な学習の時間の位置付け）と結び付け，中心教材を提示することから学習を始める。

1　単元の指導計画（全9時間）

1　第1次　課題設定と学習の見通し	2　第2次〈1〉　課題追究　立場やその根拠になる情報に注目して読む
①自然体験活動でお世話になった指導員から，現地の観光客に向けて提言ポスターを書いてほしいという依頼が来ていることを知り，現時点での考えを交流する。 ②提言ポスターのイメージを共有し，書いていくために必要な学習の見通しをもつ。 提言ポスター 　A3サイズ。本単元では，より不特定多数の読み手に考えを発信するという意味付けで，「提言」という言葉を子供と共有。	③筆者1（斎藤宗勝氏）の論を読み，「森林の魅力」について交流する。 ④筆者2（牧田肇氏）の論を読み，「森林の問題点」について交流する。 ※中心教材と自然体験活動で得た現地の情報を比較しながら，どの地域にも共通する問題として捉えながら文章を読むことができるようにする。

2 指導目標

・複数の筆者の言葉の使い方に着目しながら，自己の表現に必要な語彙を豊かにできるようにする。

(知識及び技能(1)オ)

・文章の要旨を捉えるとともに，目的に応じて，文章と図表などを結び付けるなどして，課題を解決するために必要な情報を見付けながら読み取ることができるようにする。

(思考力，判断力，表現力等Cア，ウ)

・複数の文章を読みながら自分の考えを再構成していくことの価値を実感し，他者の考えとの共通点・相違点を捉えながら伝え合おうとしている。

(主体的に学習に取り組む態度)

3 評価規準

知識・技能	思考力・判断力・表現力等	主体的に学習に取り組む態度
○2人の筆者がそれぞれの立場から自然について説明している言葉の意味を探りながら話し合ったり，書いたりしている。	○文章全体の構成を捉え，要旨を把握しながら読んでいる。 ○筆者が挙げている資料と文章の結び付きに着目しながら，自分の立場や考えを明確にして読んでいる。 ○自分の立場やその根拠をより明確にするための必要な情報に着目しながら読んでいる。	○課題を解決する見通しをもちながら，提言ポスターのイメージを広げようとしている。 ○テーマに対する立場や根拠を効果的に伝えるための構成や表現を工夫し，自他の考えを尊重しながら提言ポスターをまとめようとしている。

3 第2次〈2〉 課題追究 自分の立場やその根拠の妥当性を確かめながら読む	4 第3次 まとめ・発展 学習を振り返り，表現する
⑤白神山地と体験活動で対象になった地域の自然における共通点・相違点について「新聞記事」（シカ対策への悩みなど）を基に読みながら，自分の考えを整理する。 ⑥それぞれの立場やそれを根拠付ける資料を基に，主張のまとめ方を検討する。 (本時)	⑦⑧⑨考えを発信する相手（観光客の方々）を意識しながら，提言ポスターを作成し，学年の仲間と読み合う（推敲含む）。 ※提言ポスターに書き表す前段階で，下書きとして文章（提言文）に書く。 　最も伝えたい考えやその根拠，それに伴う構成のイメージを明確にした状態でポスターに表現できるようにする。

授業の展開例（本時第6時／全9時間）

1　これまでの活動を振り返りながら，自分の立場や根拠を考える（7分）

　自然体験活動の際，指導員の方が「緩衝地域」，「核心地域」という区域をつくることで自然を守る方法があることを伝えていた。教科書の文章や資料を手掛かりに，どのような方法で自然を守っていくべきかについての自分の立場や理由を考える。

- **C1**　体験活動で探索した地域の自然のことを考えると，人の手が加わらないようにする「核心地域」を増やしていくべきだと思うよ。今のところ資料C（新聞記事：入山者の違法行為）を一番の根拠にしたいな。
- **C2**　やっぱり，人が自由に自然と触れ合える「緩衝地域」を増やしていくべきだよ。資料B（グラフ：観光客推移）がその理由になりそうだよ。

2　本時の課題意識を想起し，それぞれの立場や根拠について話し合う（23分）

　「まだ立場がはっきりしないな。」，「文章や資料をもっとじっくり読みたいな。」などの学びの必要感を基に，学習課題を作り，森林を守る方法について考える。

> 学習課題　立場に合った資料を選び，森林の「守り方」についての考えをまとめよう。

　中心教材と資料を関連させて読み，森林を守っていく方法についての立場に適した資料とその理由を書いて交流する。

- **C1**　わたしは，今の自然の様子や守っている人々の努力が広まることで森林を守っていこうとする人が増えると思うよ。資料B（グラフ：観光客推移）は，数の変化が分かるから，今後，観光客が増加していく予想を交えながら自分の立場の説明ができるよ。
- **C2**　ぼくは反対に人の手を加えないようにして自然を守っていくべきだと思う。資料Aの新聞記事のように，ルールを全員（国内・国外の観光客）が守ることは難しそうだからね。
- **C3**　どちらの意見にも共感だよ。資料D（インタビュー）を読むと，ルールを守りながら自然と触れ合うことができるようにガイドの方も努力しているね。人の手を加える地域，加えない地域のバランスが一番重要ではないかな。

●指導のポイント

　「緩衝地域」，「核心地域」の"どちら"を広げていくべきかなど，自己選択・決定する場を設けることで，根拠を探っていくために自然と複数の資料を読み比べる思考が生まれる。また，それぞれの立場から根拠を伝え合うことを通して，「緩衝地域」，「核心地域」のメリット・デメリットが子供の言葉で整理されていくようになり，文章を読み返したり，自分の考えを再構

成するきっかけにしたりすることができる。

3　森林の「守り方」についての考えを整理し，提言ポスターの構成メモに書く（15分）

> 学習課題　話し合いを受けて，もう一度自分の立場や根拠を見直そう。

●指導のポイント

　授業終末部では，導入で曖昧だった立場や根拠が明確になっていることへの気付きを促し，学びの価値を自覚化したり，以後の活動につながる思考を働かせたりすることができるようにする。例えば，「授業の始めと考えが変わった？　変わらなかった？」，「なぜ変わった？　変わらなかった？」などを問うことで，「はじめは緩衝地域をもっと広げていくべきだと思っていたけど，資料Cをじっくり読むと，人の手はできるだけ加えないようにすることが重要だと考えるようになった。」，「仲間の考えを聞くと，その自然環境の特徴を考えながら緩衝地域と核心地域の考え方のバランスを保っていくことが大切だと思うようになった。」というように，自己の読み方を振り返ったり，対話の価値を実感したりできるようになる。さらに，立場や根拠が明確になったことで，提言ポスターの内容や構成を見通す思考も働いていくだろう。板書における「まとめ」に留まらず，その「まとめ」を生かして提言ポスターのイメージを広げていく（ノート・ワークシート等への記述）ことで，意味のある「振り返り」になるようにする。

〈板書例〉

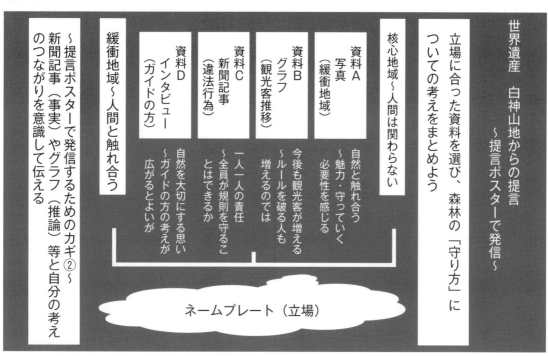

授業づくりのポイント

1 「身に付けさせたい言葉の力」と関連させた子供の主体性を引き出す「言語活動」を設定する

　論理的思考力を働かせたり活性化させたりしていくためには，子供の主体性を高める必要がある。子供の主体的な姿を引き出すためには，個に単元レベルでの「学び（課題解決）の必要感」が生まれていることが重要である。そこで，「単元を通して獲得させていく言葉の力（前述）」を明確にしたうえで，各発達段階に即した言語活動を設定していく。

> 高学年の例：日常生活との関わりを意識した，言語活動自体に納得が図られる言語活動
> 　本単元では，総合的な学習の時間（自然体験活動）及び，社会科（林業に携わる人々）の指導を複合的に捉えて構想した。「自然の魅力や現在の危機」について提言ポスターで考えを発信する過程では，「もう一度，総合や社会の内容を確かめたいな。」，「追加調査する必要がありそうだよ。」と，国語と総合・社会を往還して課題解決しようとする思考が働いていくようになると考える。そこで生まれる主体性が論理的思考力をはぐくんでいくための基盤となるだろう。

2 複数の文章の比較から，一つ一つの情報の価値を探る

　「言葉を比べる思考」が働くことにより，自分の考えが一層広がったり深まったりしていく。一方で，情報量が増えれば増えるほど，興味を持続できるような「読む目的」が明らかになっている必要がある。そこで，本時では「立場の選択」，「資料提示」の方法を工夫する。「自分の立場に適した資料（情報）はどれか？」を結論付けていく過程では，すべての資料を読み比べる必要性と，立場と理由を関連付ける思考が働いていくことになる。それが，複数の資料の意味を見出したり，言葉を多面的に捉えたりすることにつながっていく。そのためには全体交流の場面で「単なる意見発表」に留めないように，「資料Aは緩衝地域を推奨している人だけが使えるもので合っているね？」，「立場が逆なのに同じ資料を根拠にできるのはなぜ？」など，子供の発言をつないで問い直したり，教師が子供と反対の立場から問い返したりし，考えを再構成できるようにしていくことが必要である。

　また，複数の資料を提示する場合は，教科書資料を1ページにまとめて比較しやすいようにしたり，教師が一方的に与えるのではなく「もっと情報がほしい！」と子供が思うタイミングで提示したりすることも重要である。

3 学びを振り返り，自己の考えを形成できるようにする

　全体交流を通して「資料から分かる事実やそれを基に考えられる推論」，「資料と自分の考えのつながり」についての気付きを深めていくことができる。そこで「提言ポスターのヒントに

なることは何？」と問うと，全体交流の内容を整理し，板書例のようなまとめがなされる。さらに，蓄積型のワークシートに，「今後，自然と人間はどのように関わっていくべきか」という単元を通してのテーマについて記述（更新）することを通して，過去の自分（前時・本時導入）の考えからの変容を自覚しながら，考えを確かなものにしていく。

評価のポイント

1　単元の学習と他教科等を結び付けて課題解決に向かうことができたか

　「世界遺産　白神山地からの提言」のみの枠で捉えると，抽象的な話で完結してしまい，自分事として考えながら課題解決に迫っていくことは難しい。つまり，課題解決の見通しをもったり振り返ったりする学びのプロセスが有効に働かなくなると考えられる。そのため，学習全体の見通しをもたせたうえで，地域にある身近な自然と関係付けながら「自分たちの地域と比べると」と考えた発言や記述，総合的な学習の時間や社会科の調査メモ（ノート等）から，「自分事として意識して捉えていたか」，「調査に広がりや深まりをもたせながら進めることができていたか」を総合的に見取るようにしていく。

2　文章や図表，その関係性を捉えながら必要な情報を見付けていたか

　自然との関わり方についての立場を明確にしていく過程では，立場の根拠とする文章や資料の言葉を引用して発言したり記述したりする場面（個人・小集団・全体）が多くある。それらが立場の根拠として適切な情報であったかどうかを判断し，評価していく。また，単に自分だけの一面的な読み取りではなく，「他の資料に比べて資料○が一番自分の立場を説明するのに適しているよ。だって○○。」，「Aさんと違う立場だけど同じ資料が根拠になっていたのは○○だからだよ。」など，複数の情報の関係性に気付くことができたかについても見取っていく。

3　テーマについての自己の考えを深めることができたか

　本単元では「説明や解説などの文章を比較するなどして読み，分かったことや考えたことを，話し合ったり文章にまとめたりする活動」の例を参考に，提言ポスターで考えを発信する言語活動を設定している。授業中の発言や記述はもちろん，提言ポスターやその前段階で作成する下書き（原稿用紙２，３枚の文章）の中で語られている一人一人のテーマについての考えの妥当性を見取るようにする。ここでは，反対の立場の考えを視野に入れたり，読み取ってきた２人の筆者の論や白神山地に関わる複数の情報を関係付けたりしながら，自己の考えを整理できているかどうかが鍵になる。さらに，提言ポスターに表現していく過程で仲間と推敲する場面の発言（授業中よりも率直な考えが引き出されることが多い）を記録していくことで，表現物の裏に流れている思考を理解しながら評価できるようにする。

（程野純貴）

第6学年 「時計の時間と心の時間」（光村図書）

筆者の意図を捉え，自分の考えを筋道立てて表現しよう

資質・能力 目的に応じて，文章と図表などを結び付けるなどして必要な情報を見付けたり，論の進め方について考えたりすること（C読むことウ）

言語活動例 説明や解説などの文章を比較するなどして読み，分かったことや考えたことを，話し合ったり文章にまとめたりする活動（言語活動例ア）

深い学びにつながる教材研究のポイント

　筆者の考えと事例の関係から筆者の意図を読み，自分の経験と関係付けて筆者の考えや表現の工夫について自分の考えをもち発表できるようにする。特に本時の指導に当たっては，まず，導入段階では，分かりにくいと考えていた⑦段落に焦点化し筆者の述べ方についての課題をもたせるようにする。次に，展開の段階では，「時計の時間」の必要性を書いた筆者の意図や考えを捉え，筆者の考えに対して自分の考えをもつことができるようにする。最後に終末の段階では，本時の授業で明らかになった筆者の主張につなぐ時の表現の仕方や筆者の２つの時間の考えから批評文に書く時に役に立つことを書くことが「深い学び」につながる。

学習過程のポイント

　導入時に説明文『いろいろなふね』（東京書籍）を紹介する批評文の学習を始める。

1　単元の指導計画（全7時間）

1　第1次　課題設定と学習の見通し　初発の感想から，筆者の考えに対して自分の考えを発表しようという学習の見通しをもつ	2　第2次〈1〉課題追究　「時計の時間と心の時間」の教材文を読み，筆者の主張を捉え，文章構成や筆者の表現の工夫を明らかにして，自分の考えをもつ
①新教材である「時計の時間と心の時計」について初発の感想をもち，筆者の考えに対する自分の考えや表現の仕方について批評文に表し，筆者に伝えようというめあてをつかむ。 ・筆者の主張を明らかにして，自分の考えを批評文に表現して発表しよう。	②2つの時間を考えながら付き合うちえが必要であるという筆者の考えから筆者の主張を解釈し，具体化して明らかにする。 ③教材文を読み，筆者が主張を述べるための文章構成や表現の仕方を明らかにし，表現の仕方について課題やよさについて読んでいく方向性を見出す。

2 指導目標

・序論，事例，事例のまとめ，結論を述べている段落があることを捉え，筆者の考えを明確にする各段落の役割や関係を理解することができるようにする。

（知識及び技能(1)カ）

・筆者の主張を自分で解釈し，主張を述べるための表現の工夫について自分の考えを，筆者の主張と本論を関係付けて読むとともに，筆者の考えについて根拠を明確にし，自分の考えを発信することができるようにする。

（思考力，判断力，表現力等Cア，ウ，オ）

・意欲的に筆者の考えと事実のつながりを読み，筆者の考えに対する自分の考えを表現の工夫を基に根拠を明確にして発表しようとしている。

（主体的に学習に取り組む態度）

3 評価規準

知識・技能	思考力・判断力・表現力等	主体的に学習に取り組む態度
○筆者が結論に至るまでの過程について，文章の構成を理解している。	○筆者の主張と根拠を読み取り，自分の経験を振り返り，自分の考えをもとうとしている。 ○筆者の主張について，自分の考えを具体例とともに発表できている。 ○発表し合うことで，友達と自分との共通点や相違点を明らかにし，自分の考えを深めている。	○文章の内容や筆者の考えに関心をもち自分の考えをもとうとしている。

---

3 第2次〈2〉 課題追究

④筆者の主張に対して，分かりやすい表現の仕方のよさについて話し合いをして，自分の考えをもつ。

・筆者の表現の仕方のよさを見付け，筆者の表現の工夫について自分の考えをつくろう。

⑤分かりにくいと考えた⑦段落の筆者の考えを明らかにして自分の考えをもつ。

・筆者は，なぜ時計の必要性を書いたのか筆者の意図や考えについて自分の考えを明らかにしよう。 （本時）

---

4 第3次 まとめ・発展―学習の振り返り

⑥⑦筆者の時計に対する考えについて，批評文を作り，筆者の表現の仕方や筆者の考え方に対する自分の考えを伝え合う。

・表現の仕方や主張に対して評価をして，読む人に分かってもらえるよう，分かりやすさや改善点を書いて伝えよう。

授業の展開例（本時第5時／全7時間）

1　前時の学習を振り返る（5分）
　前時までの学習（4／7時間）では筆者の表現の仕方のよさを見付け，筆者の表現の工夫についての自分の考えをもつ。

C1　ぼくは，筆者が主張を述べるために，実験・結果を挙げたり，図を示して説明したりしているのは分かりやすいと思います。一目で分かり納得します。

C2　わたしは，4つの事例が分かりやすく書かれていて筆者の主張が納得できます。でも，心の時間の4つの事例で，時計の時間はなくても，筆者の主張は納得できるようにも思います。時計の時間の事例も必要ではないかと思います。

2　学習課題をつかむ（15分）
　モデル文と教材文を比較しながら相違点に気付いて話し合い，時計の必要性がなくても結論につながるかという本時学習のめあてをつかむ。

> 学習課題　筆者は，なぜ時計の時間の必要性について書いたのか考え，自分の考えをもとう。

　時計の必要性を伝える文を省いた⑦段落と教材文を提示し，時計の必要性がなくても結論につながる文章であることを捉えさせ課題をもたせる。

C1　わたしは，モデル文には時計の必要性の文がないけど，筆者の主張につなぐことができると思います。

C2　わたしも同じです。時計の時間が不可欠なものという文がなくても，筆者の主張は分かるように思います。

C3　ぼくは，少し違う考えです。時計の時間がないといけないと思います。なんか，時計の時間があって，筆者の主張につながるような気がします。

●指導のポイント

　この説明文は，双括型で述べられた文章であるため，①段落と⑧段落に着目して筆者の主張を捉えることが重要である。「私たちに必要なのは，心の時間を頭に入れて，時計の時間を道具として使う時間と付き合うちえなのだ。」という要旨をまとめ，筆者の主張と⑦段落はつながっているか考えてみる。

　③段落から⑥段落までは，「心の時間」の特性について，身近に感じることや実験結果などを基に事例を挙げながら説明している。4つの事例はすべて「心の時間」のように見えるが，本当に「時計の時間」は必要なのか考えてみることで，深い読み取りをさせていく。

3 文章全体の構成を考える（序論，本論，結論を考える）（25分）

> 学習課題　筆者の意図について話し合い，筆者の考えに対して自分の考えをまとめよう。

●指導のポイント

　①段落から⑧段落の構成図を基に，まず序論・本論・結論を明らかにして，「時計の時間」の必要性を書いた筆者の考えに対して自分の考えをもつ。段落構成は教師が説明してしまうのではなく，子供の主体的な活動を通して理解を図ることにする。そのために，事例を挙げる筆者の意図を振り返らせ，読み方を確認して考えをもたせる。筆者の主張と時計の⑦段落を関連付けて読んだり，本論の実験の事例と⑦段落を関連付けて読んだりして，筆者は主張で「時計の時間」を道具として使うことを述べているので，「時計の時間」の必要性を強調したいからではないかと。では，なぜ筆者は，時計の時間が必要不可欠なものであると考えているのか，筆者の考えについて話し合う。一つは，私たちの生活に支障をきたすので，「時計の時間」を活用していくことの大切さ伝えるため。もう一つは，「時計の時間」を活用していくと互いのストレスがなくなり，自分や相手の日常生活がよりよいものになるから。この筆者の考えに対して，自分の考えをもつ。改善点として，「時計の時間」の使い方といった事例を挙げることも必要という代案を示すまとめ方もある。

〈文章構成〉

「時計の時間と心の時間」

結論	本論					序論
筆者の主張	時計の時間と心の時間の関係	心の時間の感覚の違い	心の時間の進み方		心の時間の特性	話題提示
⑧ このように考えると，生活の中で「心の時間」にも目を向けることの大切さが見えてくる。私たちは，二つの時間を頭に入れて，「時計の時間」を道具として使うという，「時間」と付き合うちえなのだ。そんな私たちに必要なのは，「心の時間」を道具として使うということである。	⑦「心の時間」の違いをこえて，社会を成り立たせているのが「時計の時間」なのです。「しかし」「時計の時間」と「心の時間」には必ずずれがあるため，いつも正確に「時計の時間」どおりに作業を進めたり，複数の人が長い時間，同じペースで作業を進めたりすることは，とても難しいことだと分かる。	⑥「心の時間」には，人によって感覚が異なるという特性がある。みんなと同じことをしていても，私たちは，それぞれに違う感覚で時間と向き合っている。	⑤「心の時間」は，身の回りの環境によって進み方が変わる。これは，身の回りから受ける刺激の多さと関係がある。	④「心の時間」は，一日の時間帯によっても進み方が変わる。それは，その時間帯の体の動きのよさと関係があると考えられている。	③「心の時間」は，その人がそのときに行っていることをどう感じているかによって，進み方が変わる。それは，時間を長く感じさせる効果があるためだと考えられている。	② 「心の時間」には，さまざまな事柄の影響を受けて進み方が変わったり，人によって感覚が違ったりする特性がある。	① 時間には，それらと共に生きているのです。私は，「心の時間」に目を向けることが，時間と付き合う上で，とても重要であると考えている。

第3章　「論理的思考力」を育成する説明的文章の授業づくり

授業づくりのポイント

1　批評文に表し，文章を評価することを意識付ける
☆説明文の学習は，筆者の考えに対する評価と筆者の書きぶりに対する評価について自分の考えを述べるようにさせる。

批評文に表し，文章を評価することをゴールにして自分の考えをもつようにする。

2　文章を正しく読む力を育てる
☆八段落からなる文章で，「どんな事柄が書かれているか」それぞれの要点をまとめさせる。

筆者の考えは①段落と⑧段落である。①段落は，4文で構成され，4文目の「私は『心の時間』に目を向けることが，時間と付き合ううえで，とても重要であると考えています。」が考えの中心。⑧段落は，5文構成で，5文目が考えの中心である。「私たちに必要なのは，『心の時間』を頭に入れて，『時計の時間』を道具として使うという，『時間』と付き合うちえなのです。」と筆者の主張を捉える。結論は，⑧段落は①段落に対応する形で明示されている。文章構成図の作成は大切であり，深い学びにつながる。

3　筆者の論理を読む力を育てる
☆筆者の主張を述べるための文章構成や表現の仕方を明らかにし，表現の仕方のよさや改善点について読んでいく。

「なぜこのような事柄を取り入れて構成したのか」，「なぜ，このような表現を用いたのか」「なぜ，筆者はそのように考えたのか」と筆者の論理を読んでいく。「なぜ，このように書かれているのか」と筆者の論理を解釈することが高学年の説明文を読む場合には大切であり，深い学びにつながる。

4　文章を評価しながら読む力を育てる
☆「筆者の考えに納得できるか」，「文章構成」，「事例の挙げ方」，「題名の付け方」，「言葉の使い方」について，筆者がこのように書いたことをどう思うか，この書き方でよいのか，批評文を作成させる。

批評文とは，論理の妥当性に疑問をもち，筆者の論理を解釈し，自分の立場からの意見を書くことである。筆者の論理を文章構成，題名，事例，言葉の面から分かるように書かれているか，筆者の書きぶりに対する自分の考えを明らかにし，まとめる。

評価のポイント

1 単元全体の学習が，子供たちの論理的思考力をはぐくむことになったか

既習の筆者の考えの進め方の着眼点（文章構成，題名，事例，言葉）について話し合わせ，論理的に読み，論理的に自らの考えを表現する意欲を喚起し，主体的な姿勢を評価する。本文の内容を把握し，序論・本論・結論の構成をつかみ，事例と結論の関係を意識しながら「時計の時間」と「心の時間」を読むことができるようにする。

2 双括型文章構成を捉え，③段落から⑥段落の「心の時間」の特性についてまとめることができたか

③段落から⑥段落までは，「心の時間」の特性について，身近に感じることや実験結果などを基に事例を挙げながら説明している。その内容について自分の経験と重ねて読んだり実験内容を確認しながら，説明内容を具体的に理解し，端的に捉えることができるか評価する。

③段落は，子供たちが事例の中で最も分かりやすいと捉えている。同じ経験が自分にもあるからと自分の経験と重ねて事例を読んでいる。④段落から⑥段落は実験が書かれ，３つの実験でどの実験が一番分かりやすいか，問うことで実験の内容を確認する。多くの子供は，３つ目の実験，⑥段落が自分で確認できるから分かりやすいと捉える。では，読みやすくするために，分かりやすい実験が書かれている⑥段落から紹介した方がよいのではないかと問うことで，⑦段落とのつながりを考えることができるようにする。

⑥段落目までの実験の流れは⑦段落の説明とうまくつながるように，筆者の説明の工夫に気付かせるようにする。

3 ⑦段落の必要性を考え，筆者の考えの論構成について，自分の考えを批評文としてまとめ，「深い学び」を実感させられたか

⑦段落は，「心の時間」の事例のまとめになっていて，「時計の時間」の必要不可欠の説明が本当に必要なのかを考えさせる。⑦段落にはどのような工夫や役割があるのか，⑦段落に焦点を当て，⑦段落は筆者の主張とどのような関わりがあるのか交流させる。

⑦段落は，③段落から⑥段落の事例のまとめになっているだけでは，「時計の時間」まで必要ということはならない。⑧段落の前に「時計の時間」を出して，「心の時間」だけが必要なのではないということを確認している。事例では「心の時間」のことだけについて挙げられているので，⑦段落で「時計の時間」について話すことで，主張とつなぐ役割があるなど，筆者の主張を読み手に納得させようとしていることを見付けることができる。

（松澤文人）

第4章 「豊かな想像力」を育成する文学的文章の授業づくり

1 「豊かな想像力」の育成と教材の特質

「豊かな想像力」の育成とは

　文学的な文章の〔読むこと〕の指導で育成する資質・能力は，豊かに感じたり想像したりする力である。その豊かな想像力を働かせて読むとは，登場人物の行動や性格，気持ちを思い浮かべたり，登場人物の相互関係から人物像やその役割を捉え，内面にある深い心情を想像したりしながら読むことである。書かれている叙述や描写を基に，作品の全体像や人物像を想像して読んだり，また，文章に書かれていない空白を埋める想像により，人物像をより具体的に想像したりしながら楽しく読むところに意義がある。

　すなわち，文学的な文章を読む時，そこには必ず自分の存在があり，自己を投影しながら想像が行われている。その想像によって，書かれている内容が補われたり具体化されたりして，その作品の場面の情景や登場人物の心情を思いめぐらし，味わって読むことができるのである。

　このように，文学的文章を想像豊かに読む能力を高め，言語や文学に対する認識を深め，人・自然・社会に対する見方・考え方が形成されていくものと考える。

　「豊かな想像力」の育成については，国語科の目標に，「日常生活における人との関わりの中で伝え合う力を高め，思考力や想像力を養う」として，言語による「伝え合う力」，「思考力」とともに，「想像力」の育成が位置付けされている。

文学的文章教材の特徴と扱い方

　文学的文章教材には，物語文の他に民話，童話，俳句や短歌，詩などの種類がある。物語と俳句・詩では表現形式が違い，指導上も相当に違いがある。これらに共通するものは，説明的文章教材とは違い，論理よりも情緒，感性が重視される。情緒や感性が重視されるということは，一人一人の見方・感じ方が重視されるということでもある。

　学習のねらいによっては，文学的文章教材でも，論理的に考えることが必要になる。文章の構成や筆者の表現の工夫を論理的に分析するとか，登場人物の行動の背景を明らかにするなどの場合に，論理的な分析が必要になるであろう。しかし，物語文の場合は一般的に，子供も一人の読者として，登場人物に共感したり，反発したり，あるいは自分の生き方を見つめ直したりしながら読むことが多い。したがって，指導事項の検討や言語活動の設定，教材分析などにおいて，このような特色を念頭に進める必要がある。特に教材の特徴を生かした扱いが重要である。「登場人物の気持ちの変化，性格，情景を具体的に想像すること」（第3学年・第4学年）を指導する場合に，『ごんぎつね』（第4学年）の教材文の扱いについて考えてみよう。

　この物語は，ごんの善意で行った償いが兵十に通じず，かえって誤解されて火縄銃で撃たれ

るという悲劇で結末を迎える。「登場人物の気持ちの変化」という観点から，授業では，ごんの行動やつぶやきなどの言葉に着目しながら，自ら行ったいたずらから兵十のおっかあが亡くなったことを強く後悔して何とか償いをしようと行動するごんの気持ちの変化について，一場面（話の発端）から六場面（結末）までの場面の移り変わりと結び付けて想像させる。

「豊かな想像力」の育成を図る授業づくり

　単元を構想する際，「付けたい力」を明確にするとともに，それを育てるために教材文を分析したり，適切な言語活動の設定を考えたりして，教師の立場からしっかりと準備を行う。教師の準備が不十分であると，「豊かな想像力」を育てる授業づくりは期待できない。

　第3学年・第4学年の指導事項に，「エ　登場人物の気持ちの変化や性格，情景について，場面の移り変わりと結び付けて具体的に想像すること」というのがある。まず，この指導事項を，「登場人物の気持ちの変化，性格，情景」の部分と，「場面の移り変わりと結び付けて」の部分の2つの要素に分けて考える。「具体的に想像する」対象となるのは，人物の気持ちの変化と人物の性格，情景である。これらを具体的に想像するために，物語の移り変わりにつれて，登場人物の気持ちがどのように変化していくか，人物の性格はどうか，背景となる情景はどうかなどについて，『モチモチの木』（第3学年）の教材文の例で考えてみよう。

　豆太は，夜ひとりで小便に行くこともできない臆病者である。その臆病者の豆太が，病気のじさまを助けるために，真夜中に医者様を迎えに走り，勇気ある一面を見せる話である。臆病者の豆太を，勇気ある豆太へと変えたものは何かを，文脈の中の語彙・語句の意味を理解し叙述を基に想像させる授業づくりが大事になる。例えば，真夜中，ねまきのまんま，はだしでふもとの村まで医者様をよびにいく場面を音声化（音読・朗読）することによって人物の心情や場面の様子などをより深く理解することができる。

　また，『モチモチの木』の教材文では，教科書の単元名が「心に残ったことを，自分の言葉で表そう」とある。単元を構想する段階で，一人一人の読みを大事にし，心に残ったことは何かを明確にし，それを自分の言葉で表現するという言語活動を中心に据えた授業づくりが求められる。この言語活動を中心に据えた場合，関連した読書活動を単元計画に位置付けるなど，幅広い学びを考えることが望まれる。さらに指導に当たっては，発問・板書・教材教具の活用や有効な学習形態についても工夫したい。

　これからは，学ぶ側の子供の立場からの授業づくりが一層求められている。それには，質の高い言語活動の設定が必要で，子供たち一人一人が，目的意識や課題意識をもって読み，言語活動を通して，確かな言葉の力を身に付ける授業づくりが大事である。

　このように，文学的文章教材の指導に当たっては，教師の立場から検討してきた「身に付けさせたい力」や教材分析についても，子供たちの気付きを促したり，想像を広めたり深めたりするきっかけとなるようにすることが，大事である。

（福本菊江・岡本由美・佐藤　修）

2　授業づくり事例

第1学年　「おおきなかぶ」（光村図書）

登場人物の行動に着目して，登場人物について想像を広げながら，音読する

資質・能力　場面の様子に着目して，登場人物の行動を具体的に想像すること（C読むことエ）

言語活動例　読み聞かせを聞いたり物語などを読んだりして，内容や感想などを伝え合ったり，演じたりする活動

（言語活動例イ）

深い学びにつながる教材研究のポイント

『おおきなかぶ』は，おじいさんが種をまき，心を込めて育てて大きくなったかぶを，家族や動物たちが力を合わせて収穫する物語である。最後に，登場人物の中で小さな存在のねずみが登場し，見事にかぶが抜けるといった面白さもある。

反復表現が用いられ，1年生の子供も音読しやすい。「うんとこしょ，どっこいしょ。」と同じ叙述であっても，かぶを抜こうとする気持ちの高まりを想像できる。また，接続語や副詞にも着目し読み進め，なかなか抜けないかぶが最後に抜ける喜びを感じることができる。音読と動作化を通して登場人物の気持ちを想像し，表現ができるようにしていくことが「深い学び」につながる。

学習過程のポイント

1　単元の指導計画（全7時間）

1　第1次　課題設定と学習の見通し	2　第2次〈1〉　課題追究　登場人物の行動や気持ちを想像する
①教師の範読を聞いた後，教師とともに音読をし，登場人物や登場人物が出てきた順番など，内容の大体をつかむ。お話を読んで思ったことを発表し合う。「台詞や動きを考え，登場人物について想像を広げながら音読発表会をしよう」という課題を設定し，学習の見通しをもつ。	②登場人物の動作化を通して，おじいさんの種のまき方を想像する。また，種をまいた時の会話文に付け足しをして，おじいさんの願いを考える。 ③繰り返しの言葉を確認し，動作化を行い，登場人物の行動や気持ちを想像する。 ④内田梨沙子訳の『おおきなかぶ』と比較し，最後のねずみの存在の大切さを考える。また，そのことを表現するために，どのように音読するとよいかを話し合う。　（本時）

2　指導目標

・文中における主語と述語の関係に注意することができるようにする。

(知識及び技能(1)カ)

・場面の様子や増えていく登場人物について想像を広げながら読むことができるようにする。

(思考力，判断力，表現力等Cイ，エ，カ)

・繰り返しの言葉や文章のリズムを楽しんで，音読しようとしている。

(主体的に学習に取り組む態度)

3　評価規準

知識・技能	思考力・判断力・表現力等	主体的に学習に取り組む態度
○登場人物の誰が何をしたかを理解し，話したり書いたりしている。	○場面の様子や登場人物の動きを想像して，声の出し方を工夫したり動作を考えたりして音読している。 ○登場人物の気持ちを想像して，台詞や動きを考えている。	○繰り返しの言葉やリズムを楽しんで，進んで音読の工夫をしようとしている。

3　第2次〈2〉　課題追究　音読発表会へ向け，音読の工夫をする	4　第3次　音読発表会をする
⑤グループごとに登場人物と地の文を読む人の役割に分かれ，動作や台詞を考える。 ⑥グループごとに動作や台詞のいいところやもっとよくしたいところを話し合い，練習する。	⑦グループごとに音読の発表をする。発表後，友達の発表のよかったところを伝える。また，自分の発表の振り返りをする。

授業の展開例（本時第4時／全7時間）

1　全員で音読をする（5分）

前時までの学習を思い出し，声の出し方に気を付けながら，全員で声をそろえて音読をする。読む速さについても，教師が一緒に音読し，調整をする。また，『おおきなかぶ』の中で，何度も繰り返されていることを確認する。

C1　「うんとこしょ，どっこいしょ。」というところです。
C2　「かぶはぬけません。」というところです。
C3　「おじいさんがかぶをひっぱって」というみたいにひっぱっています。
C4　かぶが抜けないから，誰かを呼んできます。

2　動作化を通して，音読の仕方について話し合う（10分）

> 学習課題　かぶがぬけたときの登場人物の気持ちを想像し，音読の仕方を考えよう。

それぞれの役を代表の子供が学級全体の前で，動作化を行う。その後，どのように音読するのがよいのか，話し合う。ねこがねずみを呼びに行く場面では，どんなことを言ったのか，台詞も考える。

C1　ねこが，ねずみを呼びに行ったところが，ねこらしくてよかったです。
C2　ねこが，ねずみを呼びに行った時，もっとかぶが抜けなくて困っているように言うとよいと思います。
C3　「うんとこしょ，どっこいしょ。」がもっと大きな声で言うとよいと思います。
C4　「うんとこしょ，どっこいしょ。」は，みんなで声をそろえて，力を入れて言うとよいと思います。

●指導のポイント

八場面は，最後の登場人物のねずみが呼ばれて来る場面である。意識をさせないと，今までと同じような声の出し方で読む子供も多い。動作化をしたり見たりすることで，登場人物の気持ちを考え，それに合わせた音読の仕方に気付いていく。どのような気持ちだから，どんな声になるとよいのかということを子供に気付かせて，理解させる。

3　内田梨沙子訳の『おおきなかぶ』と比較し，最後のねずみの存在について考える（20分）

> 学習課題　どうしてかぶがぬけたかをかんがえよう。

内田梨沙子訳の文章を教師が読み聞かせをし，教科書の文章と比較をさせる。どうしてかぶが抜けたと思うか，話し合わせる。

C1 ひっぱる順番が，ちがいます。
C2 おじいさんが1番がんばっている感じがしました。
C3 わたしたちの教科書は，ねずみが来て，やっと抜けた感じがしました。

●指導のポイント

ねずみの登場によって，かぶが抜けたことを，内田訳の『おおきなかぶ』と比較することによって際立たせることができる。ねずみの存在が大切なことを，子供自身が気付き，「ねこをねずみがひっぱって，」の語り手の音読についても，強く音読した方がよいことを理解できる。「1番小さくて力の弱いねずみ」の登場によって，とうとう，かぶが抜けるという面白さや小さな力が加わって，大きなことを成し遂げることができるという物語のテーマが子供に伝わる。

4 まとめの音読（動作化）をする（10分）

●指導のポイント

授業の中で，考えてきた音読の仕方を生かして，音読を行う。学習したことの大切なポイントを確かめる。板書と合わせながら確認をし，代表の子供に動作化を取り入れた音読をさせる。その後，それぞれのグループに分かれ，まとめの音読（動作化）を行う。

〈板書例〉

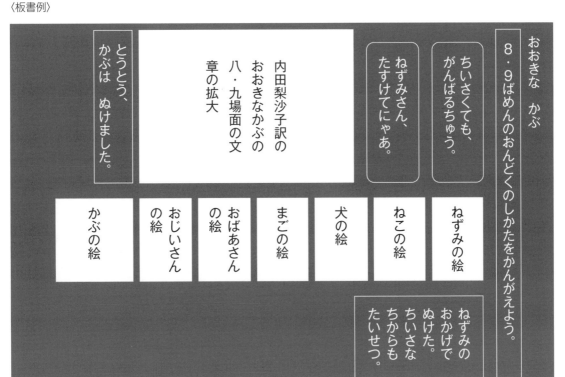

授業づくりのポイント

1 登場人物の気持ちを引き出す

　1年生の子供は，言葉を読んだり聞いたりしただけは，その言葉がどのようなことを表しているのか，頭の中でイメージすることができないことが多い。そこで，本文を基に，実際に動作化をすることで，登場人物の行動や体の様子，気持ちを理解していく。また，挿絵も登場人物の気持ちを想像する時の手掛かりとなる。例えば，おじいさんが種をまいている挿絵は，大事そうに優しく丁寧にまいていることが伝わってくる絵である。そのような絵を手掛かりに動作化し，「あまい　あまい　かぶに　なれ。おおきな　おおきな　かぶに　なれ。」という会話文を音読すると，おじいさんのかぶが大きく育ってほしいと願う気持ちが子供にも理解でき，気持ちを込めた音読をすることができる。さらにおじいさんがかぶにどんな声かけをしたかを考えることもできる。1年生のこの時期の子供にとって，言葉によって，想像できるようにする土台作りの指導が必要である。

2 反復表現や接続語・副詞に着目する

　『おおきなかぶ』には，「うんとこしょ，どっこいしょ。」「～，かぶはぬけません。」という反復表現や，かぶが抜けないので，次の登場人物を呼んできて，また抜こうとする繰り返しの展開の面白さがある。「かぶはぬけません」には，「けれども」，「それでも」，「やっぱり」，「まだまだ」，「なかなか」といった接続語や副詞が書かれている。それらの言葉から，かぶが抜けない時の登場人物の気持ちを想像できる。また，「とうとう，かぶはぬけました」と最後，書かれていることから，「とうとう」に着目することで，やっとかぶを抜くことができた達成感を1年生の子供でも感じることができる。その言葉があることで，どのような感じがするのか，登場人物のどのような気持ちが想像できるか子供が気付くようにすることで，言葉に対して関心をもつ子供を育てることができる。

3 内田梨沙子訳の『おおきなかぶ』との比較によって，登場人物の順序に注目する

　『おおきなかぶ』は訳者の違いによって，「かぶ」から「ねずみ」という順序と「ねずみ」から「かぶ」という順序の表現の違いがある。西郷訳では，最後にねずみがひっぱる順序が分かりやすく表現されている。そのことにより，子供は，「おじいさん」，「おばあさん」，「まご」，「犬」，「ねこ」，「ねずみ」と大きいものから小さいものの順序でかぶをひっぱっていることを理解し，最後にねずみが登場することの意味を考えることができる。ただ絵本を楽しんでいただけの読み方から，なぜこのような順序なのかなと考える読み方へと導くことができる。

評価のポイント

1　学習前と後で，音読の違いがあるか

　1年生の子供は，意識せずにただ文字を読むだけの音読をしていることが多い。そこで，動作化をさせる。登場人物になり切らせることで，自然と声の出し方が変化してくる。また，登場人物の気持ちを想像させ，その気持ちで音読させる。その変化を指導者が子供に注目させたり，価値付けたりすることで，子供の音読が意識的なものになってくる。学習したことを生かし，登場人物になり切って声の大きさや強さ，意識的に表現できているかについて評価する。

　音読発表の時に，登場人物の気持ちを考えて工夫した音読になっているかについても評価していく。友達の発表のよさについて，態度面だけでなく，音読の工夫についても注目して評価させる。登場人物の気持ちを考えた音読を意識させることが大切である。

2　登場人物の行動や気持ちを考えられているか

　本文を音読したり，動作化したりすることで，登場人物になり切ることを授業では行う。なり切ることで，登場人物の行動や気持ちを考えやすくする。また，1年生の段階では，挿絵も活用し，登場人物の気持ちを考えさせていく。

　ワークシートに登場人物の気持ちを書く前に，学級全体で話し合ったり，隣の子供と話し合ったりすると，登場人物の気持ちを言葉にしやすくなる。想像したことを話す際，学級全体での話し合いでは，どのようなことを話していたのか，メモを取り，評価していく。また，ワークシートに書く際には，どのような言葉を自分の考えとして，吹き出しに書いたのかを見取るようにする。まだ文を書くということを素早くできない段階の子供も多いので，書くという行為を大いに認めることが大切である。しかし，課題となっている場面の気持ちを適切に捉えて表現できていないこともある。子供の表現を受け止めながらも，その場面にふさわしい表現になっているかどうかは評価し指導することも必要である。

3　単元の学習が，子供の読書に変化をもたらすきっかけになったか

　『おおきなかぶ』の学習から，子供は，繰り返しの展開があるお話の面白さを感じる。そこで，学習中から，繰り返しのリズムがある絵本を紹介していく。すると，子供は，『おおきなかぶ』を音読した経験から，それらの本を楽しむようになる。子供は，ちょうどひらがなを書くことにも慣れてきて，読書の記録を書くことができる時期でもある。読書の記録を書かせ，今後の読書活動へとつなげていく。

（中川万智子）

第2学年 「お手紙」（東京書籍）

登場人物の気持ちを，会話文や行動を基に想像しながら読み取り，物語の面白さをまとめ，伝え合う

資質・能力 場面の様子に着目して，登場人物の行動を具体的に想像すること（C読むことエ）
言語活動例 読み聞かせを聞いたり物語などを読んだりして，内容や感想などを伝え合ったり，演じたりする活動

（言語活動例イ）

深い学びにつながる教材研究のポイント

本教材は，一通の手紙を介して，がまくんとかえるくんが互いの気持ちが通じ合うことができた物語である。手紙を一度ももらったことがないと悲しむがまくん，その姿を見て，励まそうと急いで手紙を書くかえるくん。2人の関係の深まりに，この物語の主題がある。

山場では，がまくんは悲しい気持ちから幸せな気持ちへと変容する。それは，かえるくんが書いた手紙の内容を聞いたことが理由にある。そこには，がまくんを思いやる行動が背景にあったからこそ，手紙の内容をより実感することができたと考える。変容の理由を手紙の言葉やかえるくんの行動と結び付けて読み取ることが深い学びにつながることになる。

学習過程のポイント

登場人物の会話や行動を押さえながら，がまくんの気持ちの変化を捉える。

1 単元の指導計画（全10時間）

1 第1次　課題設定と学習の見通し	2 第2次〈1〉　課題追究　登場人物の行動を叙述に目を向けて想像豊かに読む
①通読し，登場人物を確認する。その後「3人の登場人物のどこが面白かったか」というテーマで感想を書き，交流する。 ②通読し，物語のあらすじを一文に表す。山場の出来事によって気持ちが変化した人物を明確にすることで，「ふしあわせな気持ちのがまくんが，『お手紙』のできごとによって，しあわせな気持ちになる話」とまとめる。そして，図書室にあるアーノルド・ローベルが書いた作品を紹介した後，単元の課題を設定し，学習の見通しをもつ。	③挿絵を参考にし，ふしあわせな気持ちとはどんな気持ちかを想像させることで，2人とも悲しい気分で待っている様子を読み取る。 ④かえるくんが「しなくちゃいけないことがあるんだ。」と言って，大急ぎで家に帰った様子を読み取る。 ⑤がまくんは手紙を待つことをあきらめ，かえるくんはあきらめなかった様子を読み取る。

2　指導目標

・身近なことを表す語句を理解し活用することによって、語彙を豊かにすることができるようにする。

（知識及び技能(1)オ）

・場面の様子や登場人物の行動や会話の内容を具体的に想像することによって、登場人物の気持ちの変化を読み取ることができるようにする。

（思考力，判断力，表現力等Cイ，エ，カ）

・感じたことや考えたことを交流し、物語の楽しさを味わいながら読もうとしている。

（主体的に学習に取り組む態度）

3　評価規準

知識・技能	思考力・判断力・表現力等	主体的に学習に取り組む態度
○登場人物の会話や行動を表す言葉を基に、自分の考えを発言している。 ○「親友」と「友達」の意味の違いを理解している。	○各場面における登場人物の気持ちを想像し、吹き出しに書き表している。 ○かえるくんがしたことや会話文、手紙文の言葉を基に、がまくんの気持ちが変化した時の様子を読み取っている。	○根拠にした言葉が同じでも、感じ方の違いがあることに気付き、自分の考えを修正したり、新たな考えを見出そうとしたりしている。 ○言葉が醸し出す味わいを感覚的に捉えながら、物語を楽しく読もうとしている。

3　第2次〈2〉　課題追究　登場人物の行動を叙述に目を向けて想像豊かに読む	4　第3次　アーノルド・ローベルが書いた作品を読む
⑥かえるくんから手紙の内容を知らされたがまくんが幸せな気持ちに変容するわけを読み取る。　　　　　　　　　　　　（本時） ⑦かえるくんがお手紙をかたつむりくんに渡したことを、がまくんはどう思っていたかについて想像させることで、2人が幸せな気持ちで待っていた時の様子を読み取る。 ⑧がまくんの立場でかえるくんに、お礼の手紙を書き、書いた手紙を基に交流する。	⑨『お手紙』の作品を読み、面白かったところをまとめる。 （書籍は、教師が図書室や図書館から借りて一人一冊ずつ準備しておく。） ⑩お話の面白さについて交流し、アーノルド・ローベルの作品を味わう。

授業の展開例（本時第6時／全10時間）

1 前時の学習を想起する（5分）

前時では、「なぜ、がまくんは手紙をあきらめ、かえるくんはあきらめなかったのか」という課題を基に話し合い、吹き出しにまとめた。2人の子供に登場人物の気持ちを書いた文を読ませ、前時の学習内容を想起させた。

C1 （がまくん）「手紙は絶対に来ないよ。もう、お手紙なんかいらないよ。」
C2 （かえるくん）「かえるくん、さいごまであきらめちゃだめだよ。きっと来るよ。」

2 学習課題　お手紙の内容をつかむ（20分）

本時で扱う場面で、がまくんの気持ちが変容することを確認し、以下の学習課題を提示後、第4場面を音読させた。

> 学習課題　かなしい気もちのがまくんが、しあわせな気もちにかわったのは、なぜだろう。

C1 がまくんが、お手紙をもらうことができたから。

理由を最終場面にある「お手紙を……よろこびました。」（p.66 L5〜L6）という叙述を基に述べた。子供の多くは、これと同様の考えであった。

そこで、手紙の内容に目を向けさせるために、他の子供に意見を求めた。

C2 がまくんが、かえるくんから手紙の内容を聞いたから。
C3 がまくんが、かえるくんから親友と言われて、うれしくなったから。

親友という言葉が出たので、その意味を尋ねた。子供は、「友達の中で一番仲良しの友達」、「一番大切な友達」と説明した。ここで、親友と友達との意味の違いを押さえた。

次に、がまくんが手紙の内容を知って気持ちが変化したことが分かる叙述に、サイドラインを1か所だけ引くよう指示した。

子供の意見はおよそ二分された。意見の多かった②（p.65 L7）について、その理由を説明させた。

C1 がまくんが言った「とてもいいお手紙だ。」の「お手紙」の内容は、かえるくんが話した内容を指しているから。

続けて、①（p.65 L5）に引いた理由を説明させた。

C2 「親友」とかえるくんから言われて、がまくんが「ああ。」と返事をしたから。
C3 かえるくんから「親友」と言われて、がまくんが驚いたから。
C4 「ああ。」は驚いたというより、がまくんは感動したのではないかな。

そこで、「ああ。」の気持ちを探らせるために、ペアで対話させた後、全体の場で話し合った。

C5 「親友であることを、うれしく思っています。」と聞き、がまくんもうれしくなったから。
C6 がまくんは手紙の内容を聞いて、かえるくんの気持ちがやっと分かったから。

　がまくんが変容した理由について、子供の意見を黒板にまとめた。

● 指導のポイント

　中心人物の変容を読み取ることで、作品のテーマを捉えられる。叙述を基に様々な角度から解釈させることで、その因果関係を明らかにすることが大切である。

3　がまくんの変容の理由を今までのかえるくんの行動と結び付けて読み取る（20分）

　互いが大切な存在と認め合っていることを想像させるために、次のように問うた。
「がまくんは、かえるくんのことをどう思っているのだろうか。」
　全員が「がまくんも、かえるくんことを親友と思っている。」と答えた。そこで、問うた。

> 発問　がまくんは、かえるくんのどんなところを親友と感じていたのだろうか。

　子供たちは、かえるくんの「優しさ」、「思いやり」などと性格面について発言した。そして、親友の具体像に目を向かせるために、本文に立ち戻るように指示した。しばらくすると「分かった。」というつぶやきが教室のあちらこちらで聞こえた。そして、見付けたところにサイドラインを引かせ、その箇所を発表させた。子供たちは、かえるくんの言動の叙述を基に発表し、出た意見を時系列で板書した。

　その後、学習課題に戻って話し合った。

C1　幸せな気持ちになった理由は、手紙の内容を知っただけではないのだね。
C2　それに、知らない人から親友だよって言われても、がまくんはうれしくないかもね。
C3　かえるくんが手紙を書いたことや今までずっと励ましてくれたことがあったから、かえるくんの手紙の言葉が深く心に届いたのだと思うよ。

　このようにして、子供たちは、がまくんが変容した理由を捉えることができた。

　授業終末は、読み取ったことを基に気持ちを想像し、吹き出しにまとめた。

〈板書例〉

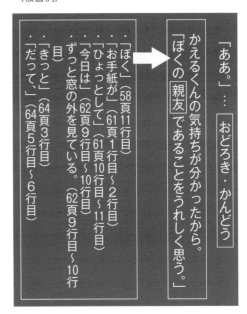

授業づくりのポイント

1 読みの学習課題の設定

　第1次で、あらすじを「ふしあわせな気持ちのがまくんが、お手紙の出来事で、しあわせな気持ちになる話」と一文にまとめた。この話は、がまくんが「ふしあわせ」から「しあわせ」と感じる気持ちの変容が明確に描かれているが、変容における解釈の仕方は一律ではない。

　そこで、出来事とは何を指しているかを問うた。出来事とは、手紙の内容をかえるくんから聞いた場面と、手紙をかたつむりくんから受け取る場面であるという2つの意見が出た。こうして、がまくんの変容を読み取ることを学習課題として設定し、読みの目的を明確にした。

2 叙述を基に想像力を働かせるための言語活動の設定

　本単元において、読み取った登場人物の気持ちを吹き出しにまとめ、かえるくんに手紙を書くという言語活動を設定した。登場人物に同化させ、読み取った気持ちを表現する活動を設定することで、読みの目的の共有化を図るためである。

　毎時間の授業終盤に、読み取ったことを基に登場人物の気持ちを想像し、自分の言葉で表現させるために、吹き出しにまとめた。この物語は、がまくんが中心人物でありながら、対人物はかえるくんで描かれている。よって、前半は限られたがまくんの会話や行動を基に読み取ることになるが、場面を通して吹き出しに書き表すことで、中心人物の気持ちの変遷を捉えられるようにした。

　かえるくんの吹き出しは、場面ごとのかえるくんの言動に着目して表現させる。そうすることで、終始がまくんを思いやる、かえるくんの優しさが見えてきた。

3 中心人物の変容を解釈させるための言語活動の設定

　読みのまとめの学習として、がまくんの立場からかえるくんに返事の手紙を書かせた。書きためた吹き出しを基に、学習を振り返り、自分の考えを再構成させるためである。

　第2次の最終時間は、「かえるくんにお手紙を書いて、がまくんの気持ちを伝えよう。」というテーマのもと、かえるくんに返事を書かせた。そこで、手紙の中に、以下の言葉を入れて書かせるようにした。

　ぼくは、～（今の気持ち）だよ。だって、……（理由）だから。

　こうすることで、手紙を書くことを通して、がまくんの気持ちの変容のわけを明らかにすることができた。

評価のポイント

1 吹き出しの表現が登場人物の気持ちを想像した内容になっているか

　学んだ内容を表現する場が，この単元では吹き出しである。よって，学んだことを基に登場人物の気持ちを想像して書いているかを評価する。板書のキーワード（友達の意見）を使っているか，自分の言葉で文脈に沿った内容になっているかが評価のポイントとなる。

　初段落では「ふしあわせ」とは，どんな気持ちなのかを具体的に書いているかを見取る。例えば，「手紙がもらえなくて悲しい」や「友達がいなくてさびしい」といった表現ができているかなど。叙述を基に自分で考えた言葉を使うことができていれば，登場人物に同化していると考えられる。

　さらに場面を追うと，悲しい気持ちから別の気持ちに変化する。「あきあきしたよ」から，手紙を待つことに飽きて「うんざりだ」や「嫌になった」など，「ばからしい」から，「くだらない」，「意味がない」など，手紙を待つことすら拒否したくなる気持ちの表現になっているかが評価のポイントとなる。

2 書いた手紙の表現が，がまくんの変容を捉えた内容になっているか

　手紙では，がまくんの気持ちが幸せになった理由について，叙述を基に自分の考えをまとめているかが評価のポイントとなる。

　A児の手紙には，変容の理由を2つの側面から書いている。かえるくんのがまくんに対する行為と手紙の内容について，それぞれ叙述を基に具体例を取り上げながら理由付けができている。

　B児の手紙には，かえるくんの行為や手紙の内容に対して，客観的に捉えたB児の考えが書かれている。つまり，がまくんが一連の出来事を通して，改めて気付いたことを理由に書いている。

　どちらの手紙も，学んだ内容をきちんと捉えることができており，がまくんの変容についての理由を適切に書き表すことができていると言える。

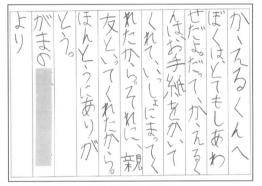

A児の書いたお手紙

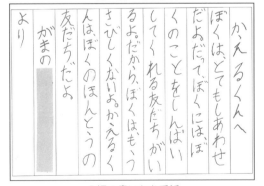

B児の書いたお手紙

（原　淳二）

第3学年 「モチモチの木」（教育出版）

ようこそ斎藤隆介ワールドへ！ お気に入りの登場人物を「お話人形」で紹介します

資質・能力 登場人物の気持ちの変化や性格，情景について，場面の移り変わりと結び付けて具体的に想像すること（C読むことエ）

言語活動例 詩や物語などを読み，内容を説明したり，考えたことなどを伝え合ったりする活動（言語活動例イ）

深い学びにつながる教材研究のポイント

本単元で育成を目指す資質・能力を明確に把握し，「付けたい力」を付けるために最もふさわしい言語活動を設定する。その際，教材の特性，子供の実態，これまでどのような言語活動を行ってきたか等も吟味していく。さらに，教師自身が実際に設定した言語活動を行い，モデルを作成する。それによって，指導のねらいが実現できる言語活動になっているか確認したり，指導のポイントを焦点化したり子供のつまずきを予測したりでき，深い学びへつながる。

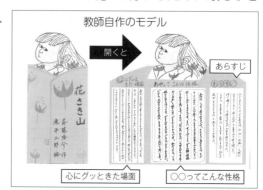

学習過程のポイント

導入時には，斎藤隆介作品の登場人物の挿し絵を使い，人物のイメージをふくらませるような演出を工夫しながら，本の紹介をすることから学習を始める。

1 単元の指導計画（全11時間）

1 第1次 学習に対する見通しをもつ	2 第2次〈1〉 あらすじや性格等，目的をもって詳しく読み，「お話人形」を作る
①斎藤隆介作品の紹介を聞いて，登場人物について予想したことや感想を発表する。 ・斎藤隆介作品の中で，教師が一番お気に入りの登場人物を自作の「お話人形」で紹介し，「斎藤隆介ワールドの仲間たちを，お話人形で紹介しよう！」という課題を設定する。 ②「お話人形」を使い，お気に入りの登場人物を中心に斎藤隆介作品を紹介する学習計画を立てる。	③④教材文を読み，物語の展開に着目してあらすじをまとめる。 ⑤お気に入りの本を読み，あらすじをまとめる。 ⑥教材文を読み，心にグッときた場面とその理由を書く。 ⑦お気に入りの本を読み，心にグッときた場面とその理由を書く。

2 指導目標

・登場人物の気持ちや性格を表現するための語句の量を増やし，話や文章の中で使うことを通して語彙を豊かにすることができるようにする。

（知識及び技能(1)オ）

・お気に入りの登場人物の作品を紹介するために，場面の移り変わりと結び付けて，複数の叙述から登場人物の性格を想像したり，読んで感じたことや考えたことを共有し，一人一人の感じ方や考え方に違いがあることに気付いたりすることができるようにする。

（思考力，判断力，表現力等Ｃエ，カ）

・お気に入りの登場人物の作品を紹介するために，斎藤隆介の作品を繰り返し読み，意欲的に「お話人形」を作ろうとしている。

（主体的に学習に取り組む態度）

3 評価規準

知識・技能	思考力・判断力・表現力等	主体的に学習に取り組む態度
○登場人物の気持ちや性格を表現するための語句の量を増やし，紹介する際に使うことを通して，語彙を豊かにしている。	○場面の移り変わりと結び付けて，会話や行動を表す叙述から性格が分かることを知り，それら複数の叙述から登場人物の性格を想像して読んでいる。○読んで感じたことや考えたことを共有し，一人一人の感じ方や考え方に違いがあることに気付くとともに，友達の感じ方などのよさに気付いている。	○登場人物に着目しながら斎藤隆介の作品を繰り返し読んだり，「お話人形」を作ったりして，お気に入りの登場人物を中心に意欲的に作品を紹介しようとしている。

3　第2次〈2〉　あらすじや性格等，目的をもって詳しく読み，「お話人形」を作る	4　第3次　お気に入りの本で作った「お話人形」で紹介し合う
⑧「教材文」を読み，お気に入りの登場人物の性格について交流し，まとめる。（本時） ⑨「お気に入りの本」で，お気に入りの登場人物の性格について交流し，まとめる。 ※教科書教材で学んだ力を，次の時間には自分が選んだお気に入りの本の読みに生かせるよう交互に学習を進めていく。	⑩異なる本を選んだ友達でグループを作り，「お話人形」を使って紹介し合う。 　感想を交流する。 （感想を書き，交換する。交換したカードは，お話人形の裏に貼る。） ⑪４年生に「お話人形」で斎藤隆介作品を紹介し，感想を交流する。 　単元の振り返りをする。

授業の展開例（本時第8時／全11時間）

☆授業前のウォーミングアップで「斎藤隆介クイズ」に取り組み，子供の学びへ向かう雰囲気を高める。

1　学習進行表や「お話人形」のモデルを提示しながら，本時の学習内容と目的を確認する（2分）

2　学習課題と学習の流れを確認する（3分）

> 学習課題　大好きな登場人物の性格が表れている言葉や文をもとに，友達と交流してその性格をとらえよう。

3　見付けてきたお気に入りの登場人物の性格がよく表れている叙述を見直す（7分）

4　全文掲示を見て，自分と同じ叙述を選んだ友達や違う叙述を選んだ友達と交流する（10分）

- T　前に貼っている全文掲示の付箋紙を見て，まず自分と同じところを選んだ人同士で交流，次は違うところを選んだ人同士で交流をしてみましょう。
- C1　豆太はおくびょうな性格だと思うよ。それは，夜中に一人でせっちんにも行けないと書いているから。
- C2　わたしも同じところを選んだよ。性格は弱虫だと思った。おくびょうでもあるね。
- C3　ぼくはおくびょうだと思ったけど，違うところも選んだよ。「それじゃあ，おらはとってもだめだ。」と豆太が言った言葉からそう考えたよ。

●指導のポイント

　一人一人が目的意識や必要性を感じる交流にすることが大切になる。友達に自分の考えを伝えることによって，自分の考えに自信をもち，もやもやしていた思いがはっきりする。また，友達の考えを聞くことにより，たくさんの気付きが生まれるようにする。
　「自分一人の考えはあいまいだけど，友達と交流すること

貼られた付箋紙で交流相手を確認

見付けた相手と交流

で性格がはっきりしてきたね。」と、子供一人一人が実感できるようにする。

5 全体で交流する（10分）

- **C1** 夜中には、じさまについていってもらわないとせっちんに行けないから弱虫だと思うけど、とうげの下り道をなきなき走って医者様を呼びに行ったから勇気もある。
- **C2** じさまの話を聞いて「ぶるぶる」する豆太はおくびょうだけど、じさまがはらいたをおこした時、医者を呼びに行ったから、やればできる性格。
- **C3** じさまが「勇気のある子供だけが、モチモチの木に灯がともるのを見ることができる。」と言っているので、豆太は勇気があると思う。

●指導のポイント

　子供から出てきた性格と叙述を、全文掲示で確認し押さえることで、登場人物の性格が表れている叙述は、物語全体に広がっており、複数の叙述を関係付けると、登場人物の性格がよりはっきりと捉えられることに気付かせていきたい。

6 お気に入りの登場人物の性格についてワークシートにまとめる（8分）

7 本時の学習を振り返り、次時の学習の見通しをもつ（5分）

学習シートに性格をまとめる

〈板書例〉

モチモチの木
めあて
大好きな登場人物の性格が表れている言葉や文をもとに、友だちと交流してその性格をとらえよう。

○登場人物の「性格」を見つけるには
　・性格を表すことばそのものが書かれているところを見つける
　・登場人物の行動や会話にも注目する。

○交流を通して
　・自分の考えをはっきりさせる
　・自分が気付かなかった考えに気付く
　・自分の考えとのちがいにふれる

アドバイス
・おくびょう　・よわむし　・よわ気
・勇気がある　・やればできる
・強がり　　　・いざというときはやる
・心ぱいしょう　・思いやりがある

まとめ
性格をとらえるには、いくつかの文や言葉をむすびつけて考える。

学習の出口
ようこそ斎藤隆介ワールドへ！
お気に入りの登場人物を「お話人形」で紹介します

学習の流れ
ペアで
全体で
性格をまとめる

授業づくりのポイント

1 言葉を豊かにするために，人物の「性格」を表す言葉集めをしたり「性格」を表す語彙表を掲示したりする

児童が集めた性格を表す言葉

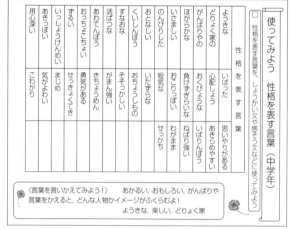

教師作成の性格を表す語彙表

2 原書（絵本）に触れ，子供たちの教材解釈の可能性を広げる

教科書だけではなく，原書（絵本）を複数冊準備しておくことにより，絵本の中の表現に目を向ける子供が出てきた。そこから出た疑問を授業の中でみんなで話し合った。

C1 絵本では豆太のせりふは全部カタカナで書いているけれど「モチモチの木にひがついている！」のところだけは漢字とひらがなで書かれているよ。どうしてかな。

C2 これまでずっとおくびょうだった豆太が，初めて勇気を出したからかなあ。

C3 そうだったのか。知らなかった。

これまで「……ソレジャァ　オラワ　トッテモダメダ……」のようにカタカナ表記だった豆太のせりふは，読む時にも視覚的にも幼さを感じさせる。しかし，本当の勇気を出し，モチモチの木に灯がともるのを見ることが出来た豆太だからこそ，斎藤隆介さんは，そこだけは漢字とひらがなで表記したに違いない，と子供たちの教材解釈が広がった。

3 教科書教材のストーリー展開全体を見通して，重層的に通読を繰り返すことができるように，全文シートを活用する

登場人物の性格が表れている叙述にサイドラインを引かせることによって，性格は，1か所からだけではなく，複数の叙述から想像できることを視覚的にも捉えることができる。またペアや学級全体での交流の際も，自分の読みを表す付箋紙を全文掲示に貼ることによって，目的をもった主体的な交流を行うことができ，読みを深めることができた。

評価のポイント

1 学んだ力を次の学習に生かせたか

　本単元では，教科書教材『モチモチの木』で学んだ力を，次の時間には自分が選んだお気に入りの本の読みに生かせるよう交互に学習を進めていった。そのため，教科書教材の学習シートの記述や振り返りを基に子供への支援をすることができ，子供の「お話人形」の記述を見ることで評価に生かすことができた。

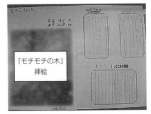
学習シート（表）

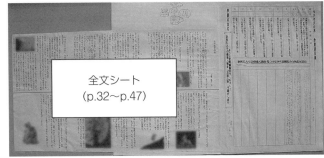
学習シート（裏）　全文シート・振り返り

子供の作品

【子供が読み取った性格】
・一平は，親思いだと思います。理由は，一平のとうちゃんとかあちゃんがこまっているという話を聞いて，ふくろをかついで山へ登ったからです。また，毎日毎日休まず土をふくろにつめこんで運んでいたので，がまん強い性格でもあります。わたしだったら一平のように毎日続けては出来ないと思うので，一平はえらいと思いました。
・ふきは，やさしくて勇気がある性格です。その理由は，のしろの町に行ったことがない大太郎に，その話をしてあげている場面や，一人で青おにに立ち向かった場面から分かりました。おとうのかたきをうつために，なだれといっしょにきえていったふきの行動にむねがはりさけそうになりました。

2 お気に入りの登場人物に寄せる思いを意欲的に発信できたか

　第3次では作成した「お話人形」を，異なった作品でグループを作り交流した。（第10時）さらに，4年生に紹介（第11時）するために家で何度も練習したり，教室全体を斎藤隆介ワールドにして雰囲気を出す工夫をしたりして，お気に入りの登場人物に寄せる思いを，意欲的に発信する姿が伺えた。

お話人形でお気に入りの本を紹介

（謝花しのぶ）

第4学年 「ごんぎつね」（光村図書）

登場人物の行動や気持ちを，叙述に基づいて想像豊かに読み取り，感じたことや考えたことを共有する

資質・能力 登場人物の気持ちの変化や性格，情景について，場面の移り変わりと結び付けて具体的に想像すること（C読むことエ）

言語活動例 詩や物語などを読み，内容を説明したり，考えたことなどを伝え合ったりする活動（言語活動例イ）

深い学びにつながる教材研究のポイント

　いたずらばかりしていた「ごん」が，「兵十」の採った魚やうなぎをいたずらし「兵十の母親の死」に影響を与えたのではないかといたずらを後悔し，「兵十につぐないの行動」をし続けたが，結局「兵十」の銃で撃たれてしまうという悲しい物語である。「ごん」の深い反省から始まった「つぐない」の行為を，「ごん」の行動や気持ちなどについて叙述を基に捉えて読む。「ごん」は，「兵十」に対するつぐないの行動を「兵十」に気付いてほしいという期待感と「神様のしわざと思われた」失望感，それでもつぐないを続ける「ごん」の気持ちを物語の展開の過程をたどりながら読み深めることが「深い学び」につながる。

学習過程のポイント

　ここでは，導入時に図書室にある新美南吉の本を紹介することから学習を始める。

1　単元の指導計画（全10時間）

1　第1次　課題設定と学習の見通し	2　第2次〈1〉　課題追究　「ごん」の行動や気持ちを叙述に即して想像豊かに読む
①全文を読み通し，誰が物語の中心となる人物かをつかみ，どのような出来事があったのか，物語の概要を理解する。また，難しい言葉などについて国語辞典を活用して調べる。 ②③「ごん」と「兵十」のどちらの立場に立って読み進めたのか考える。また，心に強く残った場面について発表し合い，「読み取り」を焦点化しながら課題を設定するとともに学習の計画を立て，学習の見通しをもつ。	④「教材文の全文」を掲示して「ごん」の人物像を想像し追究する。 （人物像を描く根拠となった言葉にサイドラインを引く。） ⑤前時の学習を基に「ごん」の人物像について話し合い，考えを共有する。 ⑥「ごん」の行動が，大きく変化するきっかけの場面について考えを深める。そして，物語の場面の移り変わりについても考えをまとめる。　　　　　　　　（本時）

2 指導目標

・登場人物の様子や行動，気持ちや性格を表す言葉を拾い出すとともに語彙を豊かにすることができるようにする。

(知識及び技能(1)オ)

・登場人物の気持ちの変化や性格について，場面の移り変わりと結び付けて具体的に想像して読み取ることができるようにする。

(思考力，判断力，表現力等Cイ，エ，カ)

・登場人物に着目して物語を想像豊かに深く読む楽しさを味わい，感じたことや考えたことを話し合おうとしている。

(主体的に学習に取り組む態度)

3 評価規準

知識・技能	思考力・判断力・表現力等	主体的に学習に取り組む態度
○登場人物「ごん」の行動や気持ちを表している言葉を基にした発言をしている。 ○「しおれている」，「つぐない」などの重要語句を文脈の中で想像豊かに解釈し自分でも使える語彙にしている。	○6つの場面それぞれで「ごん」が何を見てどんなことを考えたり思ったりしているかを想像している。 ○象徴的な表現を想像力を豊かに働かせて解釈している。	○友達の発言内容から自分の考えとの違いに気付いたりあらたに読み深める観点に気付かされたりして物語を読むことを楽しんでいる。

3 第2次〈2〉 課題追究 「ごん」の行動や気持ちを叙述に即して想像豊かに読む	4 第3次 まとめ・発展 学習の振り返り
⑦「ごん」はどのような気持ちでくりやまつたけを「兵十」の所へ持って行ったのか，その時々の「ごん」の気持ちを想像する。 ⑧「兵十」が「ごん」を撃った場面について，どのように感じたか，またどのようなことを考えたのか，「青いけむり」に象徴されることなどについて自分の考えを整理するとともに互いに考えを交流する。	⑨⑩この物語を読む学習を通して，学んだことやどのようなことを考えたのか「読書記録カード」にまとめ，互いに読み合って考えを共有する。

授業の展開例（本時第6時／全10時間）

1　前時の学習を振り返る（5分）
　前時までの学習（5／10時間）では「ごん」の人物像を捉える学習をした。叙述に即して「ごん」に関係する文や言葉を拾い出して人物像を思い描く。

- **C1**　「兵十」の母親が死んでからは，「おれと同じひとりぼっちか」と思って「兵十」につぐないをはじめた，やさしいきつねでした。
- **C2**　いつも「兵十」のことを気にして，「兵十」のためにたくさんのくりやまつたけを届けていたのに神様のしわざだと思われてがっかりしたけど，それでもつぐないを続けた，がんばりやのきつねでした。

2　学習課題をつかむ（15分）
　「ごん」がつぐないを始めたという考えが出されたことを基にして，「ごん」の行動が変化したことの理由について考える。

> 学習課題　「ごん」が，いたずらをしなくなったわけについて考えよう。

　「ごん」の行動を拾い出して人物像を捉えていくと「ごん」の気持ちや性格を考えることができる。「ごん」の行動が大きく変化し，「ごん」が，いたずらをしなくなったのは，何がきっかけであったのか。また，いつからいたずらをしなくなったのかを考える。

- **C1**　「兵十」の母のそうしきで，「兵十」の顔に元気がなく，しおれてみえたことがきっかけになったと思います。
- **C2**　わたしも同じです。兵十の母親が死んだことがきっかけになったと思います。
- **C3**　ぼくは，少し違う考えです。きっかけは「兵十」の母親の死ですが，いたずらをしなくなったのは，「そのばん……考えました。」（p.16 L5）と書いてあるように，「いろいろと考えて，あんないたずらをしなけりゃよかった。」と反省したことがきっかけになったと思います。

● 指導のポイント

　この物語には「ごんは，思いました。」という文末と「ごんは，考えました。」の文末がある。C3の発言にあるように「そのばん……考えました。」（p.16 L5）と，文末がここだけ「考えました」と書かれている。そこで，3人グループになって「ごん」が，あなの中で，どんなことをどんな順序で考えたのか読み直して，「ごん」がどんなきつねなのか考えさせる。

　「ごん」の考えたことを基にして「ごん」に対してどのようなきつねなのか，考え直してみることで，深い読み取りをさせていく。

3　物語全体の構成を考える（場面の移り変わりを考える）（25分）

> 学習課題　各場面を読み返して、大事な言葉や文を拾い出し、短い言葉でまとめてみよう。

●指導のポイント

　「場面の移り変わり」について教師が説明してしまうのではなく、子供の主体的な活動を通して理解を図ることにする。そのために、場面1は、物語の中で考えると、登場人物の紹介の部分に当たり、物語の中心になる人物「ごんぎつね」は、こんな人物ですと紹介している。したがって、登場人物の行動や気持ちを把握して場面を押さえる例示として、「いたずらばかりしている『ごん』」と短い言葉でまとめた。各場面についても同様にまとめる活動を行うように促した。その際に、場面を押さえるために大事な文や言葉を拾う作業をさせて各場面を短い言葉でまとめるようにした。グループになって考えを交流しながら場面を捉える力を高めるように仕組んだ。どのような事柄を拾い出すかは個により異なると予想できる。十分に話し合うことをさせていく。場面1でも、「いたずらを兵十に見られ、『ぬすっとぎつねめ。』とどなられた『ごん』」という兵十との関係を大事に考えたまとめ方もある。

〈板書例〉

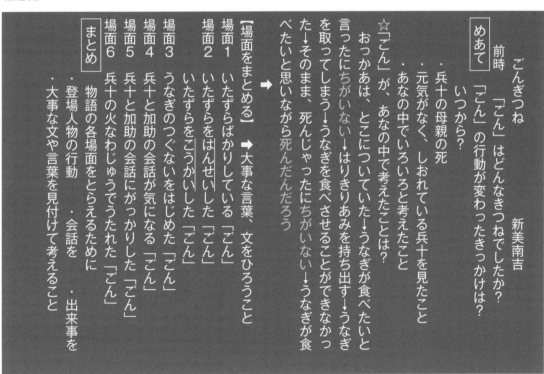

授業づくりのポイント

1　言葉の学習であることを意識付ける
　国語科の学習は，言葉に対する関心を高め言葉の学習であることを強く意識付け常に叙述を根拠にして自分の考えを述べるようにさせる。学習の過程において，大事な言葉や文を拾い出す活動を組み入れて言葉の意味や働き，使い方など「言葉の学び」の充実を図るようにする。

2　登場人物の行動の背後にある，人物の思いを解釈する
　「ごんは，……行きました。」（p.22 L6～L7）という叙述が場面5に出てくる。この「兵十のかげぼうしをふみふみ」という言葉は，ごんが，兵十に物理的に接近していることを表しているだけではない。心理的にもかなり「兵十」に接近していることが想像できる。言葉が直接表現している対象を捉えるだけではなく，その行動の背後にある人物の思いを含めて解釈することが文学作品を読む場合には大切であり，深い学びにつながる。

3　表現の細部から人物の気持ちを想像する
　「おれが……引き合わないなあ。」（p.23 L5～L7）という叙述では，「おれ」を三度繰り返して言うことによって，自分に気付いてほしい気持ちの強さを想像させようとの作者の意図を感じる。

4　登場人物の感情を直接的に表現している言葉を拾い，物語の展開と関係付けて解釈する
　「そのとき兵十は，……またいたずらをしに来たな。」（p.23 L13～p.24 L2）この文から作者は「兵十」の立場から物語は展開し始める。「兵十」の「ごん」に対する見方や気持ちが「ぬすみやがった」，「ごんぎつねめが」，「また」といった言葉に表れている。
　「ようし。」，「おや。」，「ごん，……いつも，くりをくれたのは。」（p.25 L2～L3）と，「兵十」のつぶやきの言葉がある。それぞれの言葉を読者は自分の耳に響かせるような想像力を働かせた読み方ができなければならない。「ようし」に込められた気持ち，「おや」が表す戸惑いの気持ち，「兵十」の気持ちの変化を豊かに想像できるように音読し合うことも取り入れる。
　言葉は，国語辞書に書いてある意味を正しく理解し，その用い方を理解することが大事である。言葉は，個人の生活経験や思い出を含んで記憶の中で個性的に輝く言葉となる。そうした言葉の副次的働きや言葉の属性などを学ぶには文学作品の読解は最適であると言えよう。

評価のポイント

1　単元の学習が，子供たちの読書生活に変化をもたらすきっかけとなったか

　「ごんぎつね」を読む学習が，「ごんぎつね」の学習で閉じてしまっては不十分である。「ごんぎつね」の学習をきっかけに，新美南吉の他の作品を読もうとするなど，子供たちの読書生活に変化をもたらしているかどうかまで見届けるようにする。日常生活における子供たちの読書活動に刺激を与えることができたかどうかを「読書記録カード」などの取組状況を通してチェックする。

2　登場人物の様子や行動，気持ち，性格を表している言葉を押さえているか

　授業では「ごん」の様子や行動を表している言葉，気持ちや性格が分かる言葉にサイドラインを引く活動をさせる。教師は，どの子供が主としてどの言葉を押さえているかを把握し，メモに取る。その後，小集団をつくり互いにサイドラインを引いた理由や考えを交流させる。教師は，小集団の活動を観察し，子供の発言をメモに取ったり，必要な助言を行ったりする。

　その際，子供が，いくつかの言葉を関係付けて発言しているかどうかをチェックする。例えば，「ごんは，……しゃがんでいました」（p.9 L5～L6）と，「兵十が……かけつけました」（p.12 L2～L3）の言葉をつなげて説明しているかどうかである。ごんの様子，行動から気持ちを想像し，雨のために，一人ぼっちのごんが，何かいたずらをしたいという気持ちから，びくのそばへかけつけたなどと説明しているかを見取るようにする。

3　ごんの行動や性格，気持ちの変化を，場面の移り変わりと結び付けて捉え，「深い学び」を実感させられたか

　ごんの行動や気持ちの変化を捉えるため，物語全体の構成を考えさせる。そこで，各場面を短い言葉でまとめる活動をする。自分の考えをまとめさせた後，小集団で考えを交流させる。友達との交流を通して自分の読みを自己評価することができる。

　さらに，各場面のまとめについて話し合いをさせた後，場面1（起）・場面2（承），場面3，4，5（転），場面6（結）という展開と，ごんの気持ちの変化を結び付けて考えさせる。「いたずらばかりしている『ごん』」→「いたずらをこうかい（はんせい）した『ごん』」→「うなぎのつぐないを始めた『ごん』」などと，ごんの気持ちの変化を軸に考えさせ，「深い学び」を実感させるようにする。「深い学び」の実感は，子供たちの内面の問題なので，子供たちの学習態度や発言，ワークシートやノートの書き込みなどを基に捉えるようにする。

（福原　忠）

第5学年 「大造じいさんとがん」（東京書籍）

登場人物の人物像や物語の全体像を描写を基に捉え，読者としての自分を関わらせて自分の考えを主張し合う

資質・能力 人物像や物語などの全体像を具体的に想像したり，表現の効果を考えたりすること（C読むことエ）

言語活動例 詩や物語，伝記などを読み，内容を説明したり，自分の生き方などについて考えたりしたことなどを伝え合ったりする活動（言語活動例イ）

深い学びにつながる教材研究のポイント

　印象的な対人物「残雪」が登場するものの，作品の中心人物は「大造じいさん」である。残雪は野生であり本能で生きる存在である。大造じいさんの人生は，残雪により浮き彫りとなる。作戦と知恵比べ，相手から受けた衝撃，そして心の変化が描かれる。残雪に戦おうとする意思は見られず，競い合おうとしている大造じいさんの一人芝居にも見える。が，人智を越えた残雪の行為と生き方は大造じいさんを感動させ，読み手に感銘を与える。三人称の視点が大造じいさんに寄り添うことで，残雪は人間化され，ハヤブサとの戦いや大造じいさんと対峙する迷いなき姿が，描写のリズムや鮮烈な表現等により語られる。表現技法と関わらせ学ばせていくことが求められる。

学習過程のポイント

　『大造じいさんとがん』から椋鳩十作品へと学びを発展させる学習展開である。

1　単元の指導計画（全8時間）

1　第1次　学習の見通しをもつ	2　第2次　課題追究「自分の考え」を説明し合い，グループ内でサブタイトルと理由を主張し合う
①既習の物語例を提示し，その作品に付けたサブタイトルを紹介する。 ○「大造じいさんとがん」を読む。 ○感想を交流する。 　・子供の疑問・課題を列挙する。 　・教師もいくつか発問を投げかける。 ②設定や，人物相互の関係，優れた描写等の表現を確かめる。 ○作戦と結果を整理する。 ○人物の心情とその変化を捉える。 ○優れた表現を見付け，説明し合う。	③④気にかかったこと，追究したいことを基にグループを構成し，自分が考えることを互いに主張し合う。 ○サブタイトルを付ける。 ○根拠・理由・意見を整理させる。 ○「説明」の練習をすることにより，「説得力」をもたせる。 ○グループごとの主張点にオリジナリティーをもたせる。

2　指導目標

・文体のリズムを味わったり，比喩表現や象徴表現に気付いたりすることができるようにする。

（知識及び技能(1)オ）

・登場人物の心情や作品の全体像を捉えるために，作品と対話しながら読むことができるようにする。

（思考力，判断力，表現力等Cイ，エ，カ）

・他の物語作品も進んで対話しながら読み，読みを広げようとしている。

（主体的に学習に取り組む態度）

3　評価規準

知識・技能	思考力・判断力・表現力等	主体的に学習に取り組む態度
○文体のリズムを味わったり，比喩表現や象徴表現に気付いたりしている。 ○重要語句を文脈の中で想像豊かに解釈し自分でも使える語彙にしている。	○登場人物の心情や作品の全体像を捉えるために，作品と対話しながら読んでいる。	○他の物語も進んで対話しながら読み，読みを広げようとしている。

3　第3次　全体で交流（説得力発揮）する	4　第4次　椋鳩十作品全体へと活用を図る
⑤グループごとのサブタイトルと理由を全体で主張し合う。　　　　　　　（本時） ○サブタイトルを発表する。 ○「根拠」を述べ「理由」を説明する。 ○質疑応答・意見交換を行う。 　・それぞれのサブタイトルと根拠及び理由の整合性を話し合う。 　・自分にとっての作品の価値，自分が受けたメッセージ・学びを述べる。 ○分かりにくい理由・説明不十分な箇所について，教師から問いかける。	⑥椋鳩十作品から選書して読む。 ○学校図書館で学習する。 ○読んだ作品から，魅力を感じた作品を1つ選ぶ。 ⑦椋鳩十作品にサブタイトルを付ける。 ○サブタイトルを説明する根拠と理由をノートに書く。 ⑧読んだ作品のサブタイトルを全体で交流する。 ○聞いた子供が，自分もその本を読んでみたいと思える説明となるように心がける。

授業の展開例（本時第5時／全8時間）

1　前時に学習したことをグループ内で確認する（5分）

全体の場で主張し合うために、グループ内で考えたサブタイトルと、その根拠・理由を確かめる。

●指導のポイント

自分たちが付けたサブタイトルは、いわば<u>自分に訴えかけてきたテーマ</u>であり、自己と作品とを有機的に関わらせて考えた価値である。人にはない自分のものの見方、あるいは共有できる考え方を、言葉を選びつつ精一杯に主張させたい。

2　全体で交流し合う（30分）

C1　ぼくたちのグループが付けたサブタイトルは「大造じいさんを感動させた残雪」です。大造じいさんは、明らかに感動しています。「それは、……のようでありました」（p.231 L7～L8）は、大造じいさんに寄り添った視点で語られています。「大造じいさんは、……気がしませんでした」（p.231 L7～L8）と、はっきり書いてあります。この作品の中で、残雪ほどのヒーローはいません。一番かっこよくて立派な生き方をしているのが残雪だということから、こう付けました。

C2　でも、最後に「…残雪」としたのは、残雪が中心人物だからですか。

C1　はい。ぼくたちのグループはそう考えています。作品の中のヒーローなので。

C3　でも、視点は、ほとんど大造じいさんに寄り添っていますよね。中心人物は、残雪ではなくて大造じいさんではありませんか。残雪の目で語られる部分は「ところが……見下ろしながら」（p.225 L5）と、「残雪の目には、……あるだけでした」（p.230 L1～L2）ぐらいで、ほとんど残雪の気持ちは書いてありません。

C4　わたしたちのグループが付けたサブタイトルは「残雪の姿に心を打たれた大造じいさん」です。前のグループと似ているのですが、違うのは最後が「…大造じいさん」としたところです。このお話で、残雪は成長しません。成長したのは大造じいさんの方です。いろんな狩りのやり方を試しているうちに残雪と出合い、自分の生き方というか、心の持ち方みたいなものを学ばせられたと思うのです。体言止めの直前は、中心人物にしました。

C5　わたしたちのグループでは「気高い残雪の生き方と大造じいさん」としました。今の発表にもありましたが、大造じいさんは残雪と出合ってから、自分のことを反省もしていて、自分の心も晴れやかになったと思うんです。この話の一番大切なところは2つあって、「残雪の生き方」と「大造じいさん自身の心」だと思うので、そうしました。

C6　でも、「と」でつないだのはどうしてですか。それなら、1つの文にして最後を「大造

じいさん」で結ぶ方がよいのではないですか。
- **C5** うーん，確かにそういうことも考えられます。どちらが重要とも決められなかったので。
- **C7** ぼくたちが付けたサブタイトルは，「残雪に生き方を学ぶ大造じいさん」です。やっぱり，物語の最後の方で，大造じいさんは，これまでの自分の生き方をふり返っているし，残雪に助けてもらってるというか，主人公はやっぱり大造じいさんです。大造じいさんははじめの頃と変わっていって，読んだぼくたちも，「ああよかった。」と思えるからです。

〈板書例〉

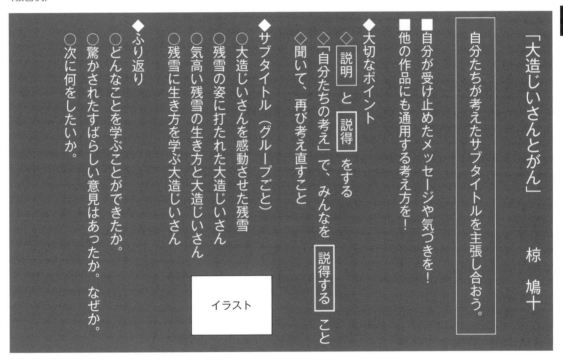

授業づくりのポイント

1 考え方は1つではないと示すこと

　本来，読書というものは，各々が自ら関心をもつ本を読んだり，好きなジャンルの本を読んだり，自分に合う考え方を発見したりするなどの，きわめて個人的な営みである。これが唯一の解であるといったことは，案外存在しないことが多く，だからこそ自分にとっての最善解へ，よりよい「見方・考え方」へと迫る探究を重要視したい。

　社会へと歩み出す力・拓かれた学び・自分の人生に役立つ学びは，自分にとっての納得解を導き出そうとする考えに支えられるのではないだろうか。

　自分の人生や生き方に寄り添う読書体験の中で教材を扱い，並行して他の書籍・作品へと拡

大していくように指導する。その意味で，サブタイトルに明確な優劣を付ける必要性は生じない。例えば，読者である自分もまた残雪のようでありたいと願う思いをもつことは何ら悪いことではないし，残雪を物語の中心に据えたいとする「思い」はあってよいだろう。しかし，中心人物は大造じいさんであり，どのような条件付けによってそれが特定されるかを教える必要はある。それは「教えて考えさせる」ということである。思いや願いをもって読み，その過程で学ぶ展開をつくる。読者としての子供が，「素朴な感想・感動や感銘・自分の生活から思い描いた内容」を中核として学びの意欲とする一方で，「必要な諸々のことを学ぶ」場面を交互につくり出し有機的に関わらせたいものである。

2　主張に見合う「根拠」，「理由付け」を取りそろえさせ，共有へとつなげること

「思い」を感情の言葉で述べても意見を述べたことにはならない。外に向けて意見を発信しようとする時点で，説明するための言葉と内容が求められる。どこから，なぜそう考えるに至ったかを説明する根拠と理由を含めた構成が必要になる。それらの要件を整理することで，自分の意見のありようを自覚できるようになるとともに，説得すべきポイントも見えてくる。

教師は各グループを机間指導しながらそれらの必須要素が準備できているかを確認し助言していくことになる。サブタイトルの形をとる自己の解釈に，根拠と理由を効果的に添えて主張するための「キーワード」や「話す順序」等を周到に準備させる。

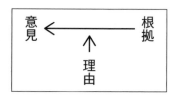

トゥルーミンモデル

さらに，言語活動として交流する中で積極的に他者の意見の理解に努め，他のグループからの意見によって作品世界の理解が進み，共有されていくことが重要である。

3　反論を想定させること

どのような考えや意見にも，反論は存在し得ることを折に触れ考えさせたい。必要な指導をしなければ，子供は一般に自分の感想などを一方向的に述べて終わることが多いものだが，価値は常に相対的であり，ある意見が価値ある考え方として納得感を伴って受け入れられるには，あらかじめ反論を想定できていることも大切である。

例えば，「でも，…と言われたらどうする？」，「そうは思えないって言われるかもしれないよ。」などのゆさぶりにより，自分とは異なる考えを想定させたい。自分がなぜそう考えたかを立ち戻って考え直すとともに，反論する側の考えはどのような理由と根拠によって構成されているか推測できれば，自分とは異なる捉え方や，共有できる部分があることも少しずつ整理できていく。時には，同じ根拠から異なる考えや解釈へと導かれる場合もあることに気付くだろう。

評価のポイント

1　読書生活へと拓く学び状況は成立したか

　『大造じいさんとがん』を読んだ後，読み広げた作品に対する取り組みを観察する。〈自分と結び付けて考える読み方〉は，別の場合においても転移しているかを見ていく必要がある。それには，作品の魅力を簡単に書かせたり，友達同士で説明させたりして評価できるだろう。読まされるのでなく，好きな本が読める，という思いを抱いて読んでいるだろうか。

2　主張する技能は，どの程度身に付いたか

　自らの考えを説明する時に，思い付きを述べるにとどまらず，根拠と理由を示しながら説明しているか，振り返りの場面やサブタイトルと理由を書いたノート，発言から評価したい。伝わりやすさに対して意識的になり，他者の理解と納得を促す説明技能が向上したか評価したい。本単元から視野を広げ，説明力が日常化していく様子も長期で評価したい。

　さらに，何ができ，何ができなかったかを振り返ることができるか，自己を振り返り評価できる視点や言葉をもつことができたかという，より本質的なことも視野に入れたい。

3　椋鳩十作品から想定できるテーマ性にどう関わっているか

　子供が椋鳩十作品を読む時，動物と人間の闘いや友情，共存，それらがもたらす美や，人間の自然破壊，過ち，命の尊さをはじめ，多くのテーマや考え方を受け止めることができる。自分と関わらせた価値付けは様々に可能だが，椋鳩十の描く世界から捉えた内容を言語化し，サブタイトルと一緒に表現させることで，作品の底流にある世界をどう解釈し，どう主体的に関わっているか評価したい。さらに交流し合う際の語彙の理解と獲得に注目したい。同作者に絞り作品の価値や魅力を表現し合う過程では，作品間あるいは読者同士が重なり合って共有できる価値を表す言葉，抽象語を含む語彙を理解しやすくなるからである。

4　サブタイトル付けから学んだ技能は，読み広げ読書に反映されているか

　サブタイトルは，数少ないキーワードを選りすぐり，効果的に結び付けることで構成される。そのように価値付け作成した表現は，読者としての解釈や願いを反映しやすい。自分と作品の間にある関係性を形づくることで実感を伴う読みを後押ししたい。自分が，掛け値なしに心から思うことを自分の言葉で表現する充実感や自信，また他者の考えが理解できた納得感が，読み広げ読書と交流の中に息づくようでありたい。「心を打たれたか」とか「どのくらい面白かったか」などの情緒的な問いかけなどにより，自分はなぜ心惹かれ考えさせられているのかという自問自答のできる力を育てることになると考えている。

（佐久間裕之）

第6学年 「やまなし」（光村図書）

宮沢賢治の考え方や生き方と関連付けながら「やまなし」を読み深め，「やまなし」が語りかけてきたことをまとめ伝え合う

資質・能力 作者の考え方や生き方と照らしながら，登場人物や場面設定，優れた表現を基に，作品に込められた作者の思いを想像すること（C読むことエ）

言語活動例 作品が語りかけてきたことを伝え合う活動（言語活動例イ）

深い学びにつながる教材研究のポイント

　子供が深い学びに至る授業とは，子供の問いから授業を起こし，その問いを子供が主体的に解決していく授業である。子供は，これまで習得した読みの知識・技能を使って「やまなし」を読み進めていこうとするが，「『やまなし』は自分に語りかけてこない。『やまなし』って何？」と困惑の声を上げると思う。本単元で予想される子供の問いは，次の2点と捉える。

　1つ目は，登場人物や場面設定，表現の工夫に関して「なぜ，5月と12月の2つの場面を取り上げているのか。なぜ題名を『やまなし』としたのか。」という問いである。これについては，2つの場面に登場する谷川の生き物や描写の工夫等を対比させていきたい。2つ目は，作者に関して，「宮沢賢治とは，どんな考えをもっている人か。」という問いである。子供に伝記や他の作品から，作者のものの見方や感じ方，生き方に関する情報を得ることができることに気付かせ，複数の情報を重ねて読み解く力を付けていくようにする。

学習過程のポイント

1　単元の指導計画（全10時間）

1　第1次　課題設定と学習の見通し	2　第2次〈1〉　課題解決に必要な情報の収集　5月と12月の谷川の様子を想像するとともに賢治の生き方等を探る
①全文を読み通し，場面の構成や表現の特徴をつかむ。「やまなし」が自分に語りかけてきたことを書き紹介し合う。 ②①の学習を基に，気付きや疑問を出し合い，読み解き方を考え，「自分に語りかけてきたことを伝え合う」というゴールを見通して学習計画を立てる。 ・5月と12月の2つの場面を取り上げているのか。 ・題名を「やまなし」としたのか。 ・賢治は，どんな考えをもった人か。	③5月の谷川の情景を生き物の動きや谷川の様子を表す描写から想像する。 ④12月の谷川の情景を生き物の動きや谷川の様子を表す描写から想像する。 （2つの谷川の様子をイラストに表し，視覚化して想像させる。） ⑤⑥『イーハトーヴの夢』を読み，賢治の生き方や考え方を探る。（『イーハトーヴの夢』に紹介されている作品を並行読書する）

2 指導目標

・言葉や文，文章について，美しさや柔らかさ，リズムなどを感じ取るとともに比喩などの表現上の特色に気付かせる。

(知識及び技能(1)オ，ク)

・登場人物や場面設定，優れた表現を基に，物語の世界や作品に込められた作者の思いを想像することができるようにする。

(思考力，判断力，表現力等Cエ)

・伝記や他の作品から読み得た作者のものの見方や感じ方，生き方と照らしながら「やまなし」を読み，作品が自分に語りかけてきたことをまとめようとしている。

(主体的に学習に取り組む態度)

3 評価規準

知識・技能	思考力・判断力・表現力等	主体的に学習に取り組む態度
○擬声語や擬態語，比喩表現に着目しながら，谷川の様子を想像している。 ○擬声語や擬態語，比喩表現を大切にしながら谷川の様子を音読し，賢治の美しい表現の世界を感じ取っている。	○優れた表現を基に，5月と12月の谷川の様子を対比して，賢治の伝えたいことを捉えている。 ○賢治の伝記や他の作品を読み，賢治の人物像や考え方を捉え，「やまなし」に込められた賢治の思いを解釈している。	○作者や作品に関する複数の情報と照らしながら，作品が自分に語りかけてきたことをまとめようとしている。

---

3 第2次〈2〉 課題追究「やまなし」に込められた作者の思いを，⑤⑥で捉えた賢治の人物像やものの見方や考え方等複数の情報を重ねて探る

⑦「なぜ，5月と12月の2つの場面を描いたのか。」という問いを，谷川の様子を対比しながら，賢治が伝えたいことや大切にしていることを探る。

⑧⑤⑥⑦を重ねて，なぜ題名を「やまなし」としたのか，「やまなし」に込められた賢治のメッセージを探る。　　（本時）

4 第3次　まとめ・振り返り

⑨「やまなし」が自分に語りかけてきたことをまとめ交流する。「人間って，生きるって，命って。」などの視点を提示する。友達とまとめを交流し，まとめに至った過程を伝え合い考えを深める。

⑩どんな読みの力が付いたか自分の学びを振り返る。複数の資料を重ねて読むことで問いをどのように解決していったのか。他の教科等に生かす知識・技能やものの見方や考え方はないか見つめる。

■ 授業の展開例（本時第8時／全10時間）

1 前時の学習を振り返り，学習課題を設定する（10分）
前時までの学習（7／10時間）で，2つの場面が自分に何を伝えてきたかまとめた。
C1 5月は，かにたちの不安な様子を表している。12月は，かにたちが安心して明るく楽しく暮らしている様子を表している。2つの世界から，生命のつながりの中からかにの心情や自然の厳しさを伝えたかったと思う。でも，よく分からないし，自信がない。
T まだ，「やまなし」が自分に語りかけてこない，賢治が「やまなし」を題にした理由が分からないと困っていますね。この問いを解決するための方法はありませんか。
C2 伝記『イーハトーヴの夢』や他の物語などを読んでいて，賢治の考えが分かるところがあったので，それらの情報とつないでいけば解決すると思う。
T 今日のめあてを決めましょう。
C3 「賢治の伝記や物語を読んで分かったこととつないで，題名に込められた賢治の思いを捉える。」にしよう。

●指導のポイント
主体的な学習を展開するために，子供の問いからめあてを立て共有する。

2 題名に込められた賢治の思いを捉える（25分）
①賢治はどんな考えをもった人か捉える
C1 わたしは『イーハトーヴの夢』の「なんとかして農作物の被害を少なくし，人々が安心して田畑を耕せるようにできないものか必死に考えた。そのために一生をささげたい。」と「急性肺炎を起こし呼吸ができないほど苦しんでいるとき，肥料のことを尋ねて来た見知らぬ人に丁寧に話をした。次の日に亡くなってしまった。」というところから，賢治は，自分より他者を真に思いやる人だと考えた。なぜなら，わたしは自分の命の危機が迫っている時に，見知らぬ人のために自分を犠牲にすることはできないと思うから。
C4 わたしも「鹿踊りのはじまり・銀河鉄道の夜・グスコーブドリの伝記・すいせん月の四日」などを読んだ。これらの物語から，賢治は命を大切にして生きたい，生きてほしいと思っていた人だと思った。
C5 「やまなし」は，かにの親子に恵みを与えたので，他者の役に立ったと思う。賢治の生き方に合うと思う。しかし，題名とのつながりはまだはっきりしない。
T 賢治はどんな人かは捉えられたようですね。しかし，まだ「やまなし」を題名にした理由は確かではないようですね。違う視点から考えた人はいませんか。
C6 わたしは『イーハトーヴの夢』の中に「銀河鉄道の夜は，大切な妹トシを亡くした賢治が悲しみのどん底で書いた作品だ。」という文があったので，妹トシについて調べた。

すると，賢治が妹の死を悲しんで作った詩「永訣の朝」を見付けて読んだ。最後の一文に「もうけふおまへはわかれてしまふ。」とあった。わたしは，賢治は妹の死を悲しみ悔しがっていると思った。24才という若さで死んでしまったので，もう少し長生きしてほしかったという思いが伝わってきた。

- **C7** わたしも永訣の朝を読んだ。妹の死に対して「わたくしもまっすぐにすすんでいくから。」という一文があった。賢治は，そんな中で前向きに生きていかなければならないと決意していると感じた。
- **T** 妹の死と「やまなし」は関係あるのかな。
- **C7** 妹の死と５月の場面のお魚の死はつながっていると思う。妹の死は突然の死であり，賢治は悲しんだと思う。妹ももっと長生きしたいと思ったのではないかと思われる。魚は，春になり泳ぎ始めた。しかし，カワセミによって突然命を奪われた。自分の思いとは違うことで命を亡くしたことはつながっていると思う。

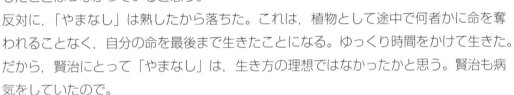

　　　反対に，「やまなし」は熟したから落ちた。これは，植物として途中で何者かに命を奪われることなく，自分の命を最後まで生きたことになる。ゆっくり時間をかけて生きた。だから，賢治にとって「やまなし」は，生き方の理想ではなかったかと思う。賢治も病気をしていたので。

- **C8** Ｃ７さんに付け加えて。賢治は，自分だけでなくみんなが「やまなし」のように自分の命を大切にしながら生きてほしいとう願いを込めていると思う。

●指導のポイント
　多様な視点から情報を重ねて読み進めさせる。

３　題名に込められた賢治の思いをまとめる（10分）

- **T** これまでの対話を通して，題名に込められた賢治の思いをまとめよう。
- **C12** 賢治は，自分も妹のようにこのまま病気が悪くなり死んでしまうのではないかと思っていたと思う。賢治にとって，「やまなし」は，いつ命が奪われるかもしれない厳しい自然の中で命を守り生き抜いてきたとても強い存在だと思ったと思う。また，妹には「やまなし」のように長生きしてゆっくりと静かに命を終えてほしかったと思う。だから，自分も他の人も「やまなし」のような生き方をしてほしいと思って「やまなし」という題名にしたと思う。
- **T** 難題を解決しましたね。自分はどんな方法で解決できたか振り返りをしよう。
- **C13** 分からないことも，いくつかの情報をつないで考えることで解決できることが分かった。あきらめずに情報を探すことが大事だと思った。賢治は，12月に「やまなし」のことを

わずか三行しか書いていない。わずか三行で題名になる物語なんて，これまでに読んだことがないと思う。「やまなし」のすごさが伝わってきた。

●指導のポイント
振り返りは，学習のねらいに沿って教師から視点を与える。

授業づくりのポイント

1　宮沢賢治独自の言葉の世界を楽しむ

「やまなし」は，擬声語・擬態語，造語，比喩，色彩表現など，賢治独自の言葉の世界が展開されている。これらの言葉を何度も声に出して読ませ，5月と12月の谷川の様子を想像させたい。そして，想像したことをイラストに描き表し，2つの世界を視覚的に捉えさせ，解釈の手掛かりとさせたい。

2　擬声語・擬態語，造語，比喩，色彩表現などを基に，5月と12月の世界を対比し，この2つの世界を通して賢治が伝えたいことは何か捉える

子供は，「賢治は5月と12月を描いて何を伝えたいのか」という問いをもつと思われる。
そこで，①の学習を受けて，「かにの会話の様子，水や光の様子，色，上から来たもの」を視点に対比して問いを解決させる。

3　賢治の伝記や他の作品を読み，賢治の「ものの見方や感じ方，生き方」を捉える

「やまなし」は，作品だけを読んで，学習の最終ゴールである「自分に語りかけてくること」を追究していくには難しいと思われる。

そこで，賢治の伝記『イーハトーヴの夢』や賢治の他の作品を読み，賢治のものの見方や感じ方，生き方などについて調べるようにする。他の作品は，『イーハトーヴの夢』に紹介されている童話や詩を読むようにする。これらの追究を通して得た複数の情報を重ねて自分の解釈をつくることにした。

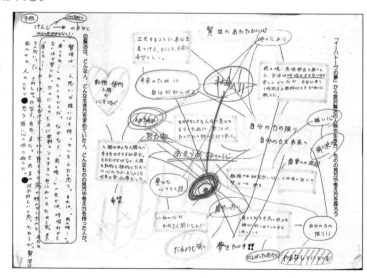

評価のポイント

1 優れた表現を基に，5月と12月の谷川の様子を対比して，この2つの世界に込められた賢治の思いを捉えることができたか

5月と12月の谷川に様子を擬声語・擬態語，造語，比喩，色彩表現などを基に，「かにの会話の様子，水や光の様子，色，上から来たもの」を対比し，この2つの世界に込められた賢治の思いを捉えたか，ワークシートを通して評価する。

2 賢治の伝記や他の作品を読み，賢治の「ものの見方や感じ方，生き方」を捉え，「やまなし」に込められた賢治の思いを想像することができたか

伝記や他作品，詩とどのように関連付けて，「やまなし」に込められた賢治の思いを想像したか関連図を基に評価する。

3 多様な情報を重ねて「やまなし」が自分に語りかけてきたことをまとめることができたか

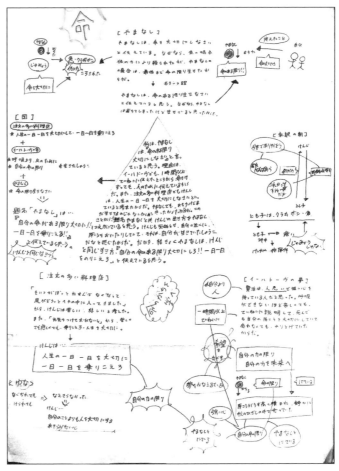

わたしは，「やまなし」から「長生きする大切さと他者の役に立つことのすばらしさと喜び」を教わった。

それは，詩に書かれた妹の死への思いと「やまなし」の5月の世界で魚がかわせみに襲われるところはつながっていて，賢治には信じられないこと，避けたいことだったと思う。

反対に，やまなしは長生きして川に落ち，かにの親子を喜ばせたように，人の役に立つ生き方を大切にしていたと思う。

わたしもやまなしのような生き方ができればいいなと思う。命を大切にして他者の役に立つ人になりたいと思う。

（吉本清久）

第5章 読解の基礎力をはぐくむ授業づくり

1 「情報の扱い方に関する事項」の指導

「情報の扱い方に関する事項」の考え方と教材の特質

　「情報の扱い方に関する事項」における情報とは，話や文章に含まれているもの全般を指す。したがって，音声言語や文字言語に限らず，視覚からの情報などもそれに当たる。「情報の扱い方」に関する教材（以下，情報教材と略記）の特質は，話や文章・図表などを情報という観点から捉え，受容し，峻別・整理し，活用する活動を通して論理的な思考力や判断力，表現力，情報活用能力などの育成を担う点にある。情報教材を読み，意味ある情報を取り出して整理し，その関係を捉えることは，話や文章を正確に理解することにつながる。また，自らが有している情報を整理し，それらの関係を明確にすることは，話や文章で正確に表現することにつながる。そこで，様々な論理の展開による内容を扱う情報教材を通して，〔知識及び技能〕としてア「情報と情報との関係」，イ「情報の整理」の２つの内容で構成された「情報の扱い方に関する事項」の指導を展開することは，読解の基礎力を育成するうえからも意味のあることである。

　ここでは主に説明的な文章を念頭に，その特質を生かした扱い方について述べることにする。

「情報の扱い方に関する事項」の指導の留意点

　「情報の扱い方に関する事項」では，様々な思考スキルの要素が取り上げられている。情報教材を用いて読解の基礎力としての「情報の扱い方に関する事項」を指導する場合，〔思考力，判断力，表現力等〕に示す事項を通して指導することが基本である。さらに，汎用性の高い言語活動と組み合わせて習得させる具体的な能力とし，「知識及び技能」の指導目標として扱うようにすることが必要である。したがって，指導に当たっては，まず国語科におけるカリキュラム・マネジメントを働かせて指導内容を系統的に構造化することが求められる。

　ア「情報と情報との関係」の事項には，情報と情報との関係を理解したり，表現したりする際に生きる知識・技能が示されている。そこで，情報と情報との関係を維持させている論理構成に着目し，その思考の枠組みを理解することが必要である。一方，イ「情報の整理」の事項には，取り出した情報を整理したり，構造化したりする際の具体的な方法・手段が示されている。これらのことを理解するとともに，「主体的・対話的で深い学び」を支える思考スキルとし，同時に様々な言語活動の中で知識・技能として使えるようにすることが必要である。

「情報と情報との関係」を扱う授業づくりの要点

　低学年では文章を読み，順序を考えながら内容の大体を把握し，重要な語や文を選び出すこ

とが大切である。その際，共通，相違，事柄の順序などの思考を形成する枠組みを生かした読みが求められる。例えば，文章を読み，事柄同士の共通点や相違点をつかんだり，ある一定の観点に基づいて複数の事柄などが順序付けられていることを認識したりする学習が考えられる。

中学年では，考えがどのような理由や事例に支えられているか，話や文章の全体と中心，中心と中心以外とがどのような関係にあるかを把握することを大切にした授業づくりを考えたい。例えば，叙述を基に推論を働かせながら，「この叙述からはこのようなことが考えられる」と，事例を挙げたり理由を付け加えたりして発表する学習が考えられる。また，段落相互の関係や事実と意見の関係性を捉える場合に，文章の細部や要点に着目したり，必要な情報を引用したりして，事実や意見，感想を区別し，その理由や根拠を明確にして発表する学習が考えられる。

高学年では，論理関係に関わる原因と結果を取り上げ，その効果的な読み方を工夫することが求められる。例えば，接続語や文末表現を手掛かりに事実や感想，意見などの関係性に着目して因果関係を押さえ，文章全体の構成を捉えて要旨を把握するといった学習が考えられる。

「情報の整理」を扱う授業づくりの要点

中学年では，情報の比較や分類の仕方，必要な語句などの書き留め方，引用の仕方や出典の示し方，辞書や事典の使い方を理解し使うことが求められる。例えば，必要感と目的意識をもち，比較したり分類したりする活動を通して中心となる語や文を見付けて要約する学習が考えられる。さらに，情報の真偽の確かめや著作権の保護について学ぶ機会も設けたい。

高学年では，情報同士の関係付けの仕方や図表などによる語句と語句との関係の表し方を理解して使うことが求められる。例えば，情報と情報との関係を捉える際に，マッピングやチャート図の効果を生かして考えを類型化し，文章の構造や内容を把握する学習が考えられる。また，文章中のキーワードやキーセンテンスを手掛かりに情報に対する想像力を働かせて文章構造を把握し，筆者の主張や根拠となる事実を読み取って自分の考えを明確にする学習も考えられる。さらに，これらに取り組む過程を通して思考スキル並びに探究を支える批判的思考力や豊かな想像力を働かせて情報を読み取る力を育成することが考えられる。加えて，高学年では，各領域・分野の力を総合的に発動させて，自分の考えや読み取った情報を編集・発信し，「情報を見せる活動」としてのプレゼンテーションの機会を学習活動の中に意図的に設定していきたい。

読解の基礎力としての「情報の扱い方に関する事項」は，思考スキルとして授業の中で繰り返し用いることで「習得・活用・探究」の学びの過程を支え，「主体的・対話的で深い学び」を実現させる。一方，『中学校学習指導要領』の第2学年と第3学年の「情報の扱い方」に関する事項に見られる「具体と抽象の関係」は，小学校においても取り扱っていることから考え，今後，「情報の扱い方に関する事項」の指導には，課題と工夫の余地が残されている。

（西岡由郎）

2 授業づくり事例

第1学年　「どうぶつの赤ちゃん」（光村図書）

対比して違いを比べながら読み，他の動物の赤ちゃんについて調べたことを交流し，感想を伝え合う

資質・能力　文章の中の重要な語や文を考えて選び出すこと（C 読むことウ）

　　　　　　　共通，相違，事柄の順序など情報と情報との関係について理解すること（情報の扱い方に関する事項ア）

言語活動例　事物の仕組みを説明した文章などを読み，分かったことや考えたことを述べる活動（言語活動例ア）

深い学びにつながる教材研究のポイント

　『どうぶつの赤ちゃん』は，観点ごとに「ライオン」と「しまうま」を比較できるようになっている。その手立てとして，表にまとめるという活動が一般的だが，表にまとめるだけでは十分に思考は働かず，表の意味を理解したり，内容を実感したりしているとは言えない場合が多い。

　そこで，①「赤ちゃんずかん」を作るという目標をもたせ，②観点ごとに「赤ちゃん対決」をすることで，観点に着目させるとともに，理由の説明を通し具体的なことを実感させたい。さらに，「赤ちゃん対決」では軍配の上がる「しまうまの赤ちゃんの強さ」の理由を考えさせ，自然の知恵を自分の言葉で説明させ，③「赤ちゃんずかん」づくりにつなげていきたい。

学習過程のポイント

1　単元の指導計画（全10時間）

1　第1次　課題設定と学習の見通し	2　第2次〈1〉
①「自分が赤ちゃんだった頃のこと」や「テレビ等で見たことのある動物の赤ちゃん」について，知っていることを出し合う。単元名・教材名から学習課題を確かめ，『どうぶつの赤ちゃん』の範読を聞く。不思議に思ったことや初めて知ったことをノートに書く。 ②不思議に思ったことや初めて知ったことを交流する。教師の作った「赤ちゃんずかん」を基に，学習の見通しをもち，赤ちゃんの比較の観点を見付ける。	③ライオンとしまうまの赤ちゃんの「生まれたばかりの様子」の違いを見付けて線を引き，観点ごとに発表し，まとめる。 ④「ライオンとしまうまのどちらがすごいか」という「赤ちゃん対決」をし，その理由を述べ，まとめる。　　　　（本時③④） ⑤ライオンとしまうまの赤ちゃんの「大きくなっていく様子」の違いを見付けて線を引き，観点ごとに発表し，まとめる。 ⑥「大きくなっていく様子」について「赤ちゃん対決」をし，その理由を述べまとめる。

2 指導目標

・ライオンとしまうまを比べ、その違いについてまとめることができるようにする。

(知識及び技能(2)ア)

・ライオンとしまうまの比較の観点を通して内容の大体を捉え、自分の体験と結び付けて考えることができるようにする。

(思考力、判断力、表現力等Cア、オ)

・どうぶつの赤ちゃんの違いを楽しみながら読み、他の動物の赤ちゃんを調べて交流しようとする。

(主体的に学習に取り組む態度)

3 評価規準

知識・技能	思考力・判断力・表現力等	主体的に学習に取り組む態度
○ライオンとしまうまの赤ちゃんの違いに線を引き、観点に沿って発言している。 ○観点ごとに違いを書いた板書を基に、「ライオンは〜だけど、しまうまは〜」と口頭で説明し、ノートにまとめている。	○ライオンとしまうまの赤ちゃんを比べ、観点ごとにどちらの方がすごいと思うかを示し、その理由を述べている。その際、ライオンとしまうまの赤ちゃんを自分の体験や知識と結び付けて考えている。	○ライオンとしまうまの違いを具体的に考えながら楽しんで読んでいる。 ○どうぶつの赤ちゃんについて説明されている文章や図鑑などを読み、進んで調べようとしている。

3 第2次〈2〉	4 第3次
⑦第3時〜第6時のまとめとして「動物の王さま」と呼ばれるライオンの赤ちゃんの方が、なぜしまうまの赤ちゃんより弱いのか考える。 　赤ちゃんの違いを見る観点を思い出し、その観点に沿って「カンガルーの赤ちゃん」を読む。 　カンガルーの赤ちゃんを加えて、簡単な「赤ちゃん対決」をし、その理由を述べる際に「共通点」、「相違点」を見付け、発表する。	⑧⑨自分で選んだ「どうぶつの赤ちゃん」を図鑑等で調べ、その中から必要なことを、ワークシートにまとめる。まとめたワークシートを基に、友達に伝えるための練習をする。 ⑩自分が調べた「どうぶつの赤ちゃん」を友達と交流し、感想を伝え合う。

授業の展開例（本時第３・４時／全10時間）

1 【第３時】ライオンとしまうまの「生まれたばかりのようす」に関するところを読み，学習課題をつかむ（7分）

T　ライオンとしまうまの，「生まれたばかりのようす」を，読みましょう。

（「生まれたばかりのようす」を比較しやすいよう，ライオンとしまうまの文章を上下に配置した「一枚教科書」を作って配付する。）

> 学習課題　ライオンとしまうまの赤ちゃんの「生まれたばかりのようす」をくらべよう。

2 ライオンとしまうまの「生まれたばかりのようす」に線を引き，発表をする（18分）

子供の発言に沿って，観点ごとに教師が板書する。

T　ライオンの「生まれたばかりのようす」を発表しましょう。

C1　ライオンの赤ちゃんは，生まれた時は，子ねこぐらいの大きさです。

T　C1さんが発表したのは，この３つのカード（ 大きさ ／ 目や耳のようす ／ おかあさんと ）のうち，どのカードのことについてですか？

C2　大きさです。（ 大きさ のカードを貼り，「子ねこぐらい」と板書）

C3　目や耳は，とじたままです。（同様に尋ね， 目や耳のようす のカードを貼って板書）

●指導のポイント

「様子」という言葉の意味が理解できない子供もいる。単元に入る前に「○○さんの様子」や「今日の空の様子」など，「様子」という言葉を使って，意味や使い方を自然に理解させておく。子供は，文章すべてに線を引いて発表することが多い。「ライオンは，どうぶつの…にていません。」とすべて読んだ場合，「『赤ちゃん』のことはどこからどこまでか」を確認する。

3 板書を見ながら，「ライオンの赤ちゃんは〜だけど，しまうまの赤ちゃんは〜」と隣同士で述べ合い，３つのうち少なくとも１つを選んでノートにまとめる（20分）

C1　ライオンの赤ちゃんは，子ねこぐらいの大きさだけど，しまうまの赤ちゃんは，やぎぐらいの大きさです。

C2　ライオンの赤ちゃんは，目や耳は閉じたままだけど，しまうまの赤ちゃんは，目は開いていて，耳もぴんと立っています。

4 【第4時】「ライオンの赤ちゃん」と「しまうまの赤ちゃん」の「赤ちゃん対決」をする（25分）

> 学習課題　「生まれたばかりのようす」から，ライオンとしまうまの赤ちゃんの「赤ちゃんたいけつ」をしよう。

T　前時にみんなで調べた「赤ちゃんの違い」を基にして，どちらの赤ちゃんの方がすごいと思うか，１つずつ考えていきましょう。まず，大きさではどうですか？

C1　わたしは，しまうまの赤ちゃんの方がすごいと思います。そのわけは，ライオンの赤ちゃんの大きさは子ねこぐらいで，しまうまの赤ちゃんはやぎぐらいだからです。

C2　子ねこはこのぐらいだけど，やぎは，このくらいです。（と大きさを手で示す）

C3　わたしの家に初めて子ねこが来た時，ねこは両方の手の平にのるぐらいの大きさでした。

C4　やぎを見たことあるんだけど，ぼくよりも大きいと思いました。

（ここで実物大の絵を見せたところ，歓声が上がる。他の観点も同様に対決させ，具体的かつ実感を込めて述べられた。）

●指導のポイント

　観点ごとに「どちらがすごいと思うか」を考えさせるが，C1の意見が出たところで終わりにしない。C1の意見は，本文に書いてあるままだが，実際には実感をもって理解しているわけではない。大きさを手で表したり，言葉にして説明をしたり，誰かの経験を聞いたり，教師が実物大の絵を見せたり（右上写真の白板に貼ってあるようなもの）…と，様々なことを通して，本文に書いてある内容を実感させ，イメージさせることが必要である。

5 「赤ちゃん対決」についてノートに自分の意見と理由を書く（15分）

〈板書例〉　　　　　　　　　　　　　　　　　　　　※赤ちゃん対決で出た意見を，補足して書く。

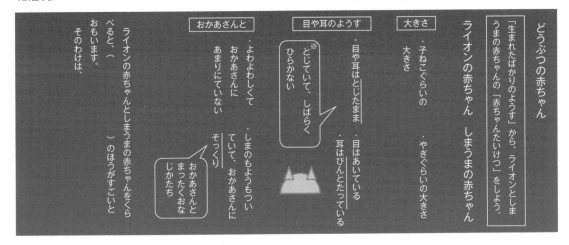

授業づくりのポイント

『解説国語編』の「情報の扱い方に関する事項」には、「話や文章に含まれている情報と情報との関係を捉えて理解」すること、低学年では「共通、相違、事柄の順序など情報と情報の関係について理解すること」、さらに情報と情報との関係は「『知識及び技能』として改めて整理する」と示されている。ここでは、「ライオンとしまうまの赤ちゃん」という情報の中に含まれる相違点を整理することを通して、相違を言語として表現する「技能」を身に付けさせ、作品全体を俯瞰的に見るための「読解の基礎力」をはぐくんでいく。

1 ライオンとしまうまの赤ちゃんを比較し、言葉で説明することにより、違いを明確にし、理解を深める

ここでは、思考と言葉の行き来の初めの一歩として、「比較の言葉を使うことで概念を獲得」する活動をし、比較しやすいよう「一枚教科書」を使う。

まず、ライオンとしまうまの赤ちゃんの違いを観点別に分類し、板書する。次に、その板書を基に、「ライオンの赤ちゃんは〜けど、しまうまの赤ちゃんは〜」と、隣同士やグループで言い合う。全員がその活動ができるためには、事前に様々な場面で「話型練習」をしておくことが重要である。「図書室には本が多いけど、音楽室には楽器が多い」、「体育館は大きいけど、教室は小さい」など、「比較の話型」を体験しておくことにより、スムーズに表現できる。

2 「赤ちゃん対決」を通して、言葉で説明し、思考を深める

子供は、2つのことを比較し、対決させることが大好きである。「どちらを選んだか」、「選んだ理由」を懸命に説明しようとする。

理由を述べる際、本文をそのまま読み上げるだけでなく、「具体的な大きさや様子」、「これまでの体験」等を想起して説明するよう促し、様々な観点から文章を理解し、説明させることが必要である。具体的には、「子ねことやぎの具体的な大きさ」、「『閉じたまま』の状態」などを言葉で説明することによって、「赤ちゃん対決」の理由を明確にさせる。

さらに、第7時には、「ライオンは動物の王さまと呼ばれているのに、なぜ赤ちゃんはしまうまの方が優れているのか」を考え、その理由を言葉で説明させる。

今回、実際に行った授業では、「しまうまの赤ちゃんが優れているのは、ライオンは肉食動物で、しまうまは草食動物だから」という意見が出た。しかし、「本当にそう言い切れるのかな？ 教科書のカンガルーでも調べてみよう」と教師が提案。調べた結果、カンガルーは草食動物でありながら、赤ちゃんは一番弱いことが分かり、話し合いは盛り上がった。

最終的には、「赤ちゃんは、安全かどうかが大切。カンガルーやライオンの赤ちゃんは守られていて安全だから、弱く生まれても生きていける」という趣旨の結論になった。「赤ちゃん」

という言葉の「見方・考え方」を深めさせる実践となった。

3 目的意識により，本文の情報の整理や書き方に興味・関心をもつ

目的意識を明確にすることにより，「やりたい」という気持ちは高まる。ここではまず，教師の作った「赤ちゃんずかん」を見て，「自分も作りたい」という気持ちをもち，教科書の「内容」や「書き方」に興味をもつ。次に，教材文読解の際，「大きさ」，「食べ物のとり方」といった観点を基に情報を整理し，その観点ごとに文章が書かれていることを理解し，書き方を学ぶ。最後に，それらを生かして各自の「赤ちゃんずかん」を作り，互いの作品を交流し合う。

子供が作った「赤ちゃんずかん」を評価するには，「大きさ」，「食べ物のとり方」といった「観点」に沿って「赤ちゃんずかん」が作られているかがポイントとなる。その見極めを容易にするためにも，教師自身が見本の「赤ちゃんずかん」を作り，「読解の授業で指導すべき点」を見通し，それを重点的に指導することが重要なのである。

評価のポイント

1 ライオンとしまうまの赤ちゃんの違いに気付き，比較の言葉を使って説明しているか

友達同士やグループで，「ライオンの赤ちゃんは子ねこぐらいの大きさだけど，しまうまの赤ちゃんはやぎぐらいの大きさです。」と説明をさせる。この活動は，「情報と情報との関係」の理解を深め，文章全体を俯瞰的に見る基礎を作り，その後の要約や要旨の学びにもつながるものである。

2 理由を述べたり，自分の体験や知識と結び付けて考えたりしているか

自分の体験や知識と結び付けて考え，言葉を駆使して説明し，友達の意見を聞いて理解し，具体的なイメージを深めるプロセスを評価するものである。全員の思考のプロセスを評価することは難しいが，グループ活動等を生かし，なるべく多くの子供の思考を見取り，評価したい。

3 観点に沿って「赤ちゃんずかん」を書くことができているか

「字が丁寧に書かれている」，「絵がきれいに描かれている」等，仕上がりで「赤ちゃんずかん」を評価しないことが重要である。そのためには，「どのような『赤ちゃんずかん』なら目標に達しているか」をあらかじめ教師が想定し，評価の観点を明確にしておく。

子供にもその観点を知らせ意識付けることによって，より目標に沿った「赤ちゃんずかん」を書かせることができる。また，互いの作品を交流する場合にも，その観点に沿って友達の作品を評価し，感想を伝え合うようにする。【授業協力：所沢市立中央小学校 佐藤智子】

(山本直子)

第3学年 「ありの行列」（光村図書）

考えの進め方を捉えて，科学的な読み物（生き物）を紹介しよう

資質・能力 生き物について興味をもちそれを紹介するために，文章の内容を適切に引用したりまとめたりすることができること（C 読むことウ）

言語活動例 科学的読み物や図鑑，事典等を利用して得た知識・情報を整理し，友達に紹介する言語活動

（言語活動例ウ）

深い学びにつながる教材研究のポイント

　教材文は，日常よく目にする「あり」を題材としているため，子供にとって興味深いものである。ありの観察をし，実験や考察を基にした記録文である。科学的読み物に書かれている文章には，この教材文の文種と似ているものもあるため，他の科学的読み物を読むために利用できる。また観察の様子や実験の結果等には，砂糖や石など身の回りのものが使用されており様子が想像しやすく，子供がありの生態への疑問をもちながら読むことができる内容である。

　科学的読み物等には，多くの場合，目次や索引があるため，目次や索引を利用して情報を検索する力が付く。また，科学的読み物（生き物）への読書の広がりは「深い学び」への自覚ができるものである。

　目標とする言語活動は，『ありの行列』の内容について，論の展開に即して整理し，生き物紹介を行うカードを作る。さらに，自分で選んだ科学的読み物等の生き物について教材文の学びを参考に，適切に引用や要約をしながら紹介する情報活用の学習につなげる。

学習過程のポイント

　本単元では，教材文『ありの行列』の学びを基に，自分の興味をもった生き物について科学的読み物や図鑑，事典等で調べ，「生き物紹介カード」を作って紹介する活動を展開する。

1　単元の指導計画（全8時間）

1　第1次　課題設定と学習の見通し	2　第2次〈1〉　課題追究（ありの行列の学習を中心に）
①②日頃，世話をしたり話題にしたりしていたカイコ飼育の経験から，興味あるその他の生き物を紹介するための学習計画を決める。 ・興味ある生き物について，自分の経験と結び付けながら選ぶ。 ・「生き物紹介カード」のモデルを見て具体的なカードのイメージを想像する。	③④「生き物紹介カード」を作るために，教材文『ありの行列』を読み，ありの行列ができるわけやありの特徴を見付けカードにまとめる。 ・「なぜ，ありの行列ができるか」の答えを探しながら読む。 ・問いと答えの関係を捉える。

2 指導目標

・文章から必要な情報を取り出したり，情報と情報との関係を考えて整理したりすることができるようにする。

(知識及び技能(2)ア，イ)

・実験と考察に注意しながら各段落の内容を読み取り，大事なことを適切に捉えることができるようにする。

(思考力，判断力，表現力等Cア，ウ)

・自分の興味をもった生き物について調べるために，科学的読み物や図鑑，事典等を進んで読み，友達と情報交換しながら積極的に学んでいる。

(主体的に学習に取り組む態度)

3 評価規準

知識・技能	思考力・判断力・表現力等	主体的に学習に取り組む態度
○紹介するために必要な情報を，重要語句に着目し，取り出している。	○実験から考察に至る過程を読み取り，論の進め方を捉えている。	○科学的な内容の本や文章に興味をもち，進んで読んでいる。
○書かれている実験の部分と考察の部分の関係を理解している。	○科学的読み物を読んだ感想を交流し，友達と自分の捉え方の違いに気付いている。	○科学的読み物等の知識を得ることに役立つことに気付いている。

第5章 読解の基礎力をはぐくむ授業づくり

3 第2次〈2〉 課題追究（科学的読み物等で調べ，「生き物紹介カード」を作成）	4 第3次 まとめ
⑤⑥「生き物紹介カード」を作るために科学的読み物，生き物図鑑等を選び，目次や索引を使って自分の選んだ生き物の特徴等を見付け，項目ごとにまとめる。　（本時⑤） ⑦自分で選んだ生き物の特徴等を3点決め，「生き物紹介カード」を作る。 ・同じ種類か同類のものを調べる友達と相談できるように配置する。 ・相互にアドバイスや情報交換を行う。	⑧「生き物紹介カード」を完成し，発表会をする。 ・学習を振り返り，学びの自覚をする。 ・学年や全校児童にも成果が見られるように展示する。 ・学びの自覚として，情報活用について目次や索引の利用の仕方・類語等での検索・報告の方法や情報のまとめ方等を意識する。

授業の展開例（本時第5時／全8時間）

1　本時の学習課題をつかむ（10分）

　自分の興味や疑問をもった生き物について，科学的読み物や図鑑，事典等で調べ，情報を取り出したり，整理したりしながら「生き物紹介カード」を作るという課題意識をもたせる。科学的読み物や図鑑，事典等で調べる際，目次や索引を利用すること，色別に付箋を使い分けること，取材メモに書くことなどについて学習させる。

> 学習課題　自分で選んだ虫などの生き物についての疑問を，科学的読み物や，図鑑，事典などで調べ，分かったことや，興味をもったことをメモに取っておこう。

- T　自分の疑問を調べる時に，困ったことは何ですか。
- C1　調べたい本がどこにあるのかが分からなかったので，図書室や町の図書館の本の並び方を知りたい。
- C2　ぼくは，ありの行列について調べた時，どんな本を選んだらいいか困りました。
- C3　疑問を調べるために，目次や索引を利用することは分かったのですが，他にどんな方法があるか知りたい。
- C4　紹介カードに，写真を使いたいのですが，写真はそのまま使っていいのか，分からない。

●指導のポイント
- 情報活用の学習に生かせるように，図書室や地域の図書館を利用し，生き物に関する科学的読み物や図鑑，事典などを準備しておく。地域図書館の職員（事務職・図書館司書）と連携し，子供たちが何時でも相談できるようにする。
- 同じような生き物を調べている者同士で意見交換ができるように，座席の配置を考慮する。
- 紹介カードは，ありの行列で使用した教師作成モデルを用意し，それを基本に子供たちの工夫を促す。また，取材メモの基本のモデルも用意しておく。
- 検索等で適当な言葉が見付からない場合，その言葉に近い言葉に替えて調べる等の工夫を，友達の事例を挙げながら理解させる。
- 自分の調べたいことを，色別の付箋等で整理するようにする。また，色ペンを使うことも効果があることを知らせる。

2　「生き物紹介カード」で紹介する情報を収集し，整理する（25分）

　まず，「生き物紹介カード」に書いた，自分の調べたい生き物について確認させる。まだ生き物の名前だけで，その生き物のどんなことに一番興味があるか，疑問になったことは何かについてまでははっきりしていない子供が多い。『ありの行列』で言えば，「ありの行列はなぜできるか」という問いを自分の中にもてない子供が多い。「チンパンジーは，どうやって仲間に危険を知らせるのか」，「カラスが公園でじゃ口を回して水を飲む様子をテレビで見たが，本当

にそのような知恵があるか」などといった問いの例を挙げ，調べる事柄を具体的に意識させる。

続いて，自分の生き物について書かれた科学的読み物や図鑑，事典等の構成を理解し，目次や索引を確認する。自分の疑問について調べるには，目次と索引のどちらの方法がよいかを考えさせる。

その際，教材提示装置やタブレット等を活用し，科学的読み物等の典型的な目次を拡大表示して，目次からの情報収集の仕方を学ばせる。また，同様に，調べたい言葉を手掛かりにした索引による情報の探し方についても，友達の事例から学ぶようにする。

●指導のポイント
・項目ごとに課題に対する答えを探していく。
・カードに載せる写真等を選び，写真から分かることも大切にする。
・付箋等の大きさや色も活用しながら進める。
・対話を通して，なかなか答えの見付からない場合の方法などについて解決できるようにする。

3　本時の振り返りを行い，学びの自覚をする（10分）
T　この時間は，どんなことを「めあて」に学習しましたか。
C1　図鑑や事典，自分の選んだ本等から調べたいことを見付けました。
T　図鑑や事典，自分の選んだ本等から，早く調べたいことが探し当てることができましたか。
C1　分かったことも多かったけれど，まだ分からないことが2点あります。
C2　目次を見て書いてあることを予想して見付けました。特に調べたい言葉は，索引を使うと早く見付けることができて便利でした。

〈「生き物紹介カード」のイメージ（モデル））

学習課題　「ありの行列」の学習を参考に「生き物紹介カード」を作ってみんなにお気に入りの生き物を伝えよう。

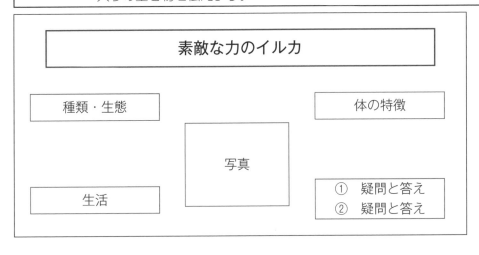

・図鑑や事典，自分が選んだ本などから日頃の疑問やみんなに知らせたいことを2点以上取り上げて説明する。

授業づくりのポイント

1　情報収集の目的や課題を明確にする

　子供たちに，自分の興味や疑問をもった生き物について調べ，「生き物紹介カード」を作って紹介しようという課題をもたせる。授業づくりのポイントは，子供たち一人一人に課題意識をもたせ，興味をもって調べようとする構えをつくることができるかである。

　子供たちは，昆虫や小動物に興味がある子供以外は，自分はどんな生き物について調べたいかをすぐに見出せない場合が多い。そこで，『ありの行列』を例に，身近に起きている事例や，科学的読み物や図鑑，事典等を紹介しながら，興味や関心を喚起する。

　例えば，カラスの賢さについてテレビなどでも紹介されたことがある。公園のじゃ口をくちばしで捻って水を飲む様子が放映されたことがある。また，胡桃を割るために，道路に落として自動車の通行を待っている様子も紹介された。映像で紹介することができれば，子供たちにとって，カラスの生態や知恵などについて調べたいという気持ちを高めることができる。

2　重要な文や語句に着目しながら必要な情報を取り出す

　『ありの行列』の文章では，「なぜ，ありの行列ができるのでしょうか」という問いがあり，その問いに答える形で論が展開する。アメリカのウイルソンという学者の実験によって科学的に検証しているので，子供たちはその科学的な手法にも興味をもつようになる。実験と次の実験のつながりが明確で，「なぜ」に対する答えの説明に，納得する子供が多い。

　そこで，「ありの行列がなぜできるか」を知りたいという子供にとって，必要な情報とは何かを考えさせるようにする。それを，短い言葉でまとめさせる。実験の方法，観察の結果，それを踏まえたウイルソンの推理，はたらきありの体の仕組み（とくべつのえき）などの重要語句を取り出すようにする。

3　情報と情報との関係を考えながら整理し，「生き物紹介カード」にまとめる

　情報と情報との関係を考えながら整理する力は，読解の基礎力として重要であるばかりではなく，表現力としても欠くことができない能力である。「なぜ，ありの行列はできるか」という課題を解決するため，ウイルソンはどんな実験をしたか，実験の方法や観察結果，考察，体の仕組みの研究の過程に関わる情報を取り出し，関係を考えながら整理させる。そのため，「はじめに」，「次に」，「これらのかんさつから」，「そこで」，「この研究から」，「このように」の段落と段落をつなぐ言葉に着目した読みができているかどうかをチェックする。

　「なぜ，ありの行列はできるか」という課題に対する答えを短くまとめ，「生き物紹介カード」に掲載する方法について考えさせることによって，情報と情報との関係を捉え，整理する力が身に付くものと考える。

評価のポイント

1　課題意識をもって，必要な情報を取り出そうとしているか

　3年生の頃は，特に昆虫などの生き物が好きである。育つ環境によっては，極端に虫を嫌う子供も見られるが，「なぜ，ありの行列はできるか」のような不思議な現象には，たいていの子供は興味をもつ。

　本単元では，自分の興味や疑問をもった生き物について調べ，「生き物紹介カード」を作って紹介するという課題をもたせる。そのために，身近な生活経験の中で，どんな生き物とどのような関わりがあるかを思い起こさせる。また，科学的読み物や図鑑，事典等を読むことによって，さらに不思議に思ったこと，調べてみたいと思ったことに気付くことも多い。

　いずれにしても，子供たちが，生き物に関して積極的に調べようとする構えができているかどうかを見る。子供たちの発言の様子，科学的な読み物に関する関心度などを観察し，評価する。よい授業を展開するには，どの子供がどんな生き物を取り上げているか，その生き物のどんなことに興味や疑問をもっているかを具体的に把握しておく。

2　目次や索引を利用したり，重要語句に着目したりして，必要な情報を取り出しているか

　自分の調べようとする生き物の興味をもったこと，不思議に思ったことを調べる際に，目次や索引を利用したり，問いと答えの関係を読み分けながら重要語句に着目したりして，必要な情報を効率よく取り出しているかどうかを評価する。

　教材『ありの行列』では，問いと答えの関係を考えながら読み，情報の取り出しが行われているかどうかが重要である。その際，「問い」から「答え」までをどのように説明しているか，接続語を手掛かりに内容の順序性を考えながら読んでいるかどうかを押さえるようにする。

　他の科学的読み物や図鑑，事典等では，3年の実態を考慮しながら，目次や索引を利用して必要な情報の取り出しができているかをチェックする。

3　課題に必要な情報を整理し，相手に分かりやすい「生き物紹介カード」ができているか

　本単元の課題である「生き物紹介カード」を作るためには，必要な情報を集めるだけでなく，読み手に伝えたい情報を選び，整理する必要がある。そのために，情報と情報との関係を考えて整理し，視覚的にまとめるようにする。教師の示したモデルを参考にするとともに，選んだ生き物の種類や特徴の違いによって，自分なりの表現の仕方を工夫させる。

　その際，自分の選んだ本の内容を丸写しにしていないか，出典や引用部分をはっきりさせているかも評価する。（参考文献）八王子市立由木中央小学校平成28年度研究紀要／入内嶋周一・平井佳江（2016）『授業をアクティブに変える！　言語活動を活性化する単元モデル3・4年』明治図書

（飯田　薫）

第5学年 「想像力のスイッチを入れよう」（光村図書）

事実と感想，意見などとの関係を叙述に基づいて読み，それを整理したうえで，自分の考えをもつ

資質・能力 原因と結果など情報と情報との関係について理解すること（情報の扱い方に関する事項ア）

言語活動例 筆者の考えを文章に書かれている情報と情報との関係を捉えながら整理し，そこから分かったことや考えたことを話し合ったり文章にまとめたりする活動（言語活動例ア）

深い学びにつながる教材研究のポイント

　筆者は，情報化社会においてメディアから発信される情報を一人一人がどのように捉えていく必要があるかを，事例と意見を織り交ぜながら述べ，そこで必要なものとして「想像力のスイッチ」を挙げている。「想像力のスイッチ」，「思いこみ」，「努力」等の文言や『事実かな，印象かな。』等の二重括弧で書かれている意味を他の叙述と関わらせながら読んでいく。その筆者が読み手に分かりやすく伝えるために言葉を厳選していることや表現を工夫していることを捉え，そこから自分の考えを構築していく。本教材では，筆者の考えを叙述に書かれた情報と情報との関係を捉えながら理解し，自分の考えをまとめ，友達と共有することが「深い学び」につながる。

学習過程のポイント

　導入時に「想像力のスイッチ」という題名について話し合い，興味をもつ。

1　単元の指導計画（全6時間）

1　第1次　課題設定と学習の見通し	2　第2次〈1〉　課題追究　筆者の考えを，叙述に書かれた情報と情報とを関係付けながら読む
①メディアについて知っていることや考えたこと，日常生活の中で話題になっていることを出し合ったうえで，全文を読む。 ②筆者が，読み手に伝えたいことや，伝えるための工夫などについて各自が書いて整理する。 ・本文をよく読み，筆者の考えやなぜそのような表現が使われているかをまとめる。 ・全体課題は，「筆者の考えを整理しよう」にする。	③各自が書いた筆者の考えをグループの中で出し合う。そして，グループの考えを全体の場に広め共有する。　　　　（本時） ・各自が読み取った内容を足場に，グループで筆者の考えについて話し合う。話し合う時は，グループ用ホワイトボードを活用しながら整理する。 ※各自の考えを導き出した根拠や過程についても話すようにする。

2 指導目標

・文章に含まれている情報と情報との関係を捉え,筆者の考えを理解することができる。

(知識及び技能(2)ア,イ)

・事例や意見の関係について図示しながら,筆者の考えを根拠を明確にして捉えることができる。

(思考力,判断力,表現力等Cア)

・自分の生活経験からメディアへの向かい方を振り返り,筆者と自分の考えとを関連付けながら,今後メディアとどのように関わっていくかを考えることができる。

(主体的に学習に取り組む態度)

3 評価規準

知識・技能	思考力・判断力・表現力等	主体的に学習に取り組む態度
○筆者の文章に含まれている情報と情報とを結び付けている。 ○筆者の叙述の工夫についてそのよさや効果について捉えている。	○事例や意見の関係について理解し,その関係を図示しながら筆者の考えを整理している。 ○筆者の考えを根拠を明確にして捉えている。	○自分の考えと筆者の意見や友達の考えとの比較を通して,メディアとどのように関わっていくかを考えている。

---

3 第2次〈2〉 課題追究 筆者の考えを理解したうえで,筆者と自分との考えを関連付けながら自分の意見を明確にする

④設定したグループ課題を基に,全体学習の中で筆者がどのように論を構成し,叙述を工夫しているかを確認する。

⑤筆者の考えと自分の考えとを関連付けながら,自分の意見を事例を取り入れながら書く。

・筆者と自分との考えを関連付けながら,メディアとの関わり方について意見をまとめる。

※教師は,筆者の論構成や叙述の工夫を子供たちが自分の叙述に生かしているか見取る。

4 第3次 まとめ・発展 学習の振り返り

⑥前時に各自が書いた意見を,グループで発表し共有する。

・友達の考えについて感想を出し合う。

・発表者と自分の意見を比較しながら,感想を述べる。

・聞き手は,発言者が自分の意見を導き出した根拠や過程を分かりやすく説明しているか,叙述の工夫はなされているかを聞くなどして,感想を伝える。(相互評価)

※メディアへの関わり方について標語づくり等につなげることもできる。

授業の展開例（本時第3時／全6時間）

1 自分の考えの根拠となる見方を発表する（5分）

前時までの学習（2／6時間）は，叙述に着目しながら，各自が筆者のメディアについての考えを整理する。本時は，それをグループ内で発表し合い，筆者の考えを共有する学習である。導入の5分で，各自が筆者の考えを導き出した時にどの言葉や文に着目したかを発表する。

- **C1** 筆者は，事例を出しながら自分の考えを述べているので，事例ごとに筆者の考えをまとめました。
- **C2** 「想像力のスイッチ」という題名が面白いし，興味があったので，筆者はこの表現にどのような思いを込めたかを中心に考えました。
- **C3** わたしも「想像力のスイッチ」に着目し，想像力や想像という言葉が文章のどこにどのように使われているか，そして，それが何回登場するかを数えたりしながら考えました。
- **C4** ぼくは，「思いこみ」という表現が気になったので辞書で調べました。そして，「思いこみ」を減らすためにどうしたらよいかということが書かれていると思うので，本文にそって筆者の考えにサイドラインを引きながらまとめました。

2 学習課題の設定とグループ追究（25分）

導入で各自がどのような観点に着目して，筆者の考えを整理したかを発表する。それを基にグループでの追究課題（グループ課題）を設定し，グループでの話し合いの中で筆者の考えを整理する。

- **C1** みんなの着目した根拠となることを聞いて，筆者が順番に事例を出しながら説明しているという意見があったので，文章にそって筆者の考えをまとめていくのはどうですか。
- **C2** 今の意見に賛成です。それから，「想像力のスイッチ」や「思いこみ」という表現からも筆者の考えが分かると言ってくれたので，これらの言葉にも着目しながら整理していけばよいと思います。

> 学習課題（グループ課題）　筆者の考えを，「想像力のスイッチ」や「思いこみ」などの言葉に着目しながら文章にそってまとめよう。

- **C3** わたしは，文章にそって事例ごとに筆者の考えをまとめたので，これから発表します。最初に，学校のマラソン大会の例が書かれています。そこから，筆者は，「何を大事と思うか」によって，同じ事実でも受け取り手によって内容の捉えが変わることを説明しています。そのような違いがあることに驚くとともにこわさも感じます。（第一発言者は，事例を基に最後まで発表する。）

C4	具体的な事例とともに，二重括弧で『事実かな，印象かな。』等があります。この二重括弧を結んでみると，筆者が「こんなふうに考えるとよい」と１つの考え方を示してくれていることが分かりました。また，事例のところに，「思いこみ」，「想像力のスイッチ」とありましたが，「思いこみ」を減らすために「想像力のスイッチ」を入れてみることが大切とあるので，どういう想像力が必要かを考えながら読み進めました。
T	それでは，一度みんなで「想像力」や「想像」という言葉がどこに出てくるか確かめてみようか。その言葉を丸で囲ってみると分かりやすいから，赤で囲ってみよう。

●指導のポイント

　グループの話し合いでは，筆者の意見を整理するにあたって何をどのように考えたかの根拠や過程を大切にしていきたい。そこで，各自がどのような見方で筆者の考えをまとめたかの根拠を最初に述べることにした。それによって，それぞれの視点を整理することができると同時に，多様な見方で文章を読み解くことができるからである。つまり，主体的に文章を読みながらその関係性をみていく必然がそこから生まれるのである。また，追究課題を自分たちで設定することで，意欲付けとなることはもちろんであるが，何をどのような方法で行うか，何が分かれば自分たちの学びとなるかを子供自身が確認できるよさがあると言える。これが，「主体的」，「対話的」，「深い学び」となるのである。

3　グループごとの発表と筆者の考えのまとめ（15分）

> 学習課題　グループの発表を基に，筆者の考えをまとめよう。

●指導のポイント

　今回は，自分の読み取りをまとめる→グループで導き出した根拠を基にまとめる→全体の場で発表し合い共有するという３段階で筆者の考えを整理する。筆者の考えをまとめるためには，みんなの意見を収斂していく必要がある。しかし，結論に至るまでの過程は一人一人の見方や捉えがある。

〈板書例〉

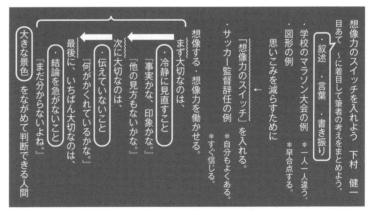

　本学習では，一人一人の学習課題への迫り方をお互いに共有し，その見方を大切にしながら深めていくという学習を行うことにした。これによって，一人一人の考えを位置付けることが

できるとともに，自分では気付かなかった読みの視点や見方を友達と学ぶことができ，新たに深めることにつながるからである。

授業づくりのポイント

1　文章に含まれている情報と情報を取り出し整理する～自己の読みを分析しながら筆者に迫る～

　説明的文章では，筆者が読み手に自分の考えを伝えるために，情報と情報を組み込みながら叙述を工夫し文章化している。読み手は，その情報を整理し捉えることによって筆者が伝えたいことを正確に理解することができる。筆者が伝えようとしている情報を取り出し，整理するために，各自が文章を読んでよく分かる，納得できる，あるいは，よく分からない，自分とは違う等の自分の読みを明確にし，なぜよく分かるのか，なぜ疑問に思うのかを自分なりに考えてみる。読みながら筆者や自分との「対話」が必要となる。そのような叙述に則した読みをすることによって，このような表現が使ってあるから分かる，自分も経験をしたから理解できる，自分ならこうすると思うから違う等，筆者と自分との関係を把握しながら自分の読みを分析し読み進めることができるのである。そのためにも，子供たちが自分の意見をまとめやすいワークシートの工夫が大切になる。また，文章を正確に読むこと，自分との生活経験と比べながら読むことによって，今までの自分のメディアに対する向き合い方を振り返り，今後どのように関わっていけばよいかという考えや姿勢づくりにもつながる。

2　多様な観点から情報と情報を整理する～友達との共有の場を生かしながら筆者に迫る～

　筆者の意見をまとめる時においても，一人一人の見方は違ってくる。それを生かした授業を工夫する必要がある。そこで，自分の捉えをグループ学習の中で出し合い共有することで効果を高めていく。その時，筆者の主張を整理するまでの過程を大切にしたい。筆者の考えを導き出すために，自分は何に着目したかを友達と出し合うことによって，結論は同じでもそこに行きつくまでの見方は多様である。友達の見方を学ぶことは次の教材に向かう時自分の見方の1つとなるのである。ここに友達と学ぶ意味を見いだすことができ，共有するよさを体感することができるのである。また，このような学習を通して，事例と意見を織り交ぜた文章の書き方や読み手が注目する言葉や表現を適切に使うことのよさを知ることもでき，自分もそのように書いてみようという次への学習意欲につながる。

3　情報を発信する～自分の考えを情報と情報を関係付けて，自分の考えを表現しよう～

　本学習は，今後のメディアとの関わりについて考えるよい機会である。メディアについて新たに気付いたこと，自分たちが実践すべきことを書いて発信していくことは，この後メディアについて考えていくうえで効果的である。そのために，筆者の叙述を参考にしながら，自分の

考えを文章に書く学習を取り入れていく。また，本教材も資料の１つとして，自分の文章に引用または参考文献として取り入れながら論の展開をするという書き方も指導していくことによって，今後レポートを書いたり調べ学習をまとめたりするうえで役立つと言える。さらに，文章だけではなく，標語，パンフレットなどの多様な発信方法を子供たちに考えさせていきたい。

評価のポイント

1　情報と情報を取り出し，関係付けているか

　本学習は，筆者が自分の考えを分かりやすく説明するために，どのような情報を叙述しているかを読み，その情報を取り出すことによって，筆者の考えを理解し，整理するのである。そこで，子供が，事例と意見，原因と結果等の情報と情報の関わりを捉えながら理解しているかを確かめていく必要がある。そのために，自分の考えや意見を導き出した根拠や過程を発表させたり，どのような情報と情報から自分の意見をまとめているかについて書かせたりする中で捉えていくようにする。

2　情報と情報を整理しているか

　文章を読む時に，気になる表現や言葉にサイドラインを引きながら，それが文章全体の中でどのような効果があるのか，どのような役割があるのかを捉えながら読むことが確かな読みにつながる。そのために，気になる言葉を丸で囲ったり図示したりしながら文章を構造的に読んでいくことが効果的であることを子供自身に気付かせていきたい。本教材では，第１次の①の導入時に「想像力のスイッチ」から連想することを意味マップに書かせイメージを関連付けさせたり，筆者の表現の工夫を教師が板書の中で図示し関連付けたりして，子供たちに「分かりやすい。自分も取り入れてみよう。」と思わせる。そして，第１次の②からの学習で，自分の関連付けた内容を見せながら話している子供がいれば全体の中で認め，広めていく。

3　自分のもつ情報を整理し，その関係を分かりやすく表現しているか

　筆者の叙述の工夫を生かしながら，子供自身が自分の意見を書いているかを確かめていく必要がある。本時では，第１次の①から第２次の④の学習を生かし，第２次の⑤で自分の意見をまとめる学習を行う。その時に，自分の書いた文章が読み手に分かりやすく適切に書かれているかを自己評価させてみる。その評価の仕方は，例えば，板書例に記したように分かりやすく書けているか，読み手に着目してもらえる言葉や表現を工夫したか等，文章を書いた後に，「文章構成プログラム」として自分で板書例のように書いたものを作成し自分の文章を振り返らせる。そして，曖昧な箇所や不明瞭な箇所があれば書き直させる。第３次の⑥の発表段階で，「文章構成プログラム」を見せながら説明させるのもよい。

（中嶋真弓）

3 「語彙」に関する指導

「語彙」に関する教材の特質と扱い方

1　新学習指導要領における語彙指導

　子供の語彙にかかわる課題について，中央教育審議会答申（平成28年12月）では，「小学校低学年の学力差の大きな背景に語彙の量と質の違いがある」と指摘している。これを受けて，『新学習指導要領』（平成29年3月）では，「学習内容の改善・充実」の第一に「語彙指導の改善・充実」を挙げて，語彙を豊かにする指導の改善・充実を図っている。

　語彙を豊かにする事項は，〔知識及び技能〕として，「語句の量を増すこと」と「語句のまとまりや関係，構成や変化について理解すること」の2つの内容で構成され，次のように示されている。

	第1学年及び第2学年	第3学年及び第4学年	第5学年及び第6学年
語彙	オ　身近なことを表す語句の量を増し，話や文章の中で使うとともに，言葉には意味による語句のまとまりがあることに気付き，語彙を豊かにすること。	オ　様子や行動，気持ちや性格を表す語句の量を増し，話や文章の中で使うとともに，言葉には性質や役割による語句のまとまりがあることを理解し，語彙を豊かにすること。	オ　思考に関わる語句の量を増し，話や文章の中で使うとともに，語句と語句との関係，語句の構成や変化について理解し，語彙を豊かにすること。また，語感や言葉の使い方に対する感覚を意識して，語や語句を使うこと。

「語彙」を豊かにすることに関する事項の指導と教科書教材

　『新学習指導要領』の「指導計画の作成と内容の取り扱い」で，各学年の内容の〔知識及び技能〕に示された事項については，「〔思考力，判断力，表現力等〕に示す事項の指導を通して指導することを基本とし，必要に応じて，特定の事項だけを取り上げて指導したり，それらをまとめて指導したりするなど，指導の効果を高めるよう工夫すること」とされている。

　このことから，教科書教材においては，語彙を豊かにすることに関する事項を指導する教材として3種類が用意されている。教科書から該当する教材例を書き出すと以下のようなものがある。これらを意図的・計画的に活用して，語彙力を育成する必要がある。

●語彙についての小教材

　語彙に関する指導事項だけを取り上げて，1～3時間程度で指導するための教材である。
　「日づけとよう日」（1年），「はんたいのいみのことば」（2年），「なかまのことば」（2年），「いろいろな意味をもつ言葉」（4年），「複合語」（5年），「熟語の成り立ち」（6年）など。

●語彙を題材にした教材
　語彙を題材にしてテーマに沿って解説し，話したり聞いたり，読んだり書いたりする活動を通して知識を身に付け，理解を深める言語教材である。
　「ものの名まえ」（1年），「ようすをあらわすことば」（2年），「言葉を分類する」（3年），「分かりやすく伝える」（5年）など。
●話すこと・聞くこと，書くこと，読むことの指導を通して語彙の指導をする教材
　〔思考力，判断力，表現力等〕を育成する「話すこと・聞くこと」，「書くこと」，「読むこと」の指導を通して語彙に関する指導も行おうとする教材である。教材研究により，語彙指導を行うのに適した教材で，重点化して取り扱うことが重要である。

本書で取り上げた教材の特質と扱い方

●低学年「ものの名まえ」（光村図書1年下）
　物の名前について，意味による語句のまとまりや上位語・下位語の関係に気付かせる言語教材である。子供が買い物をした時の経験を思い起こし，客と店の人になって売り買いのやり取りをすることを通して，上位語・下位語の関係を理解させる。店の看板には，例えば「くだもののおみせ」と上位語が書いてあり，一つ一つの品物には，「みかん」，「りんご」，「バナナ」など下位語の具体的な名前が書いてある。実生活でも，買い物をする時に具体的な下位語を言わないとお店の人はお客が何が欲しいのか分からないことに気付かせたい。

●中学年「もうどう犬の訓練」（東京書籍3年下）
　説明的文章の大事な言葉や文を見付けて内容を要約しながら読み取ってまとめる教材である。犬が人間の言うことに従う訓練では，「ゴー」，「ストップ」，「シット」などが命令の言葉である。いちばん難しいのは，「ウエイト」である。同じ「ゴー」でも危ない時は前に進まないことを覚えさせる。語句の意味が，「もうどう犬は体の一部であり，心の通う家族」という文章の内容の理解に大きく関連している。また，発展として，「働く犬」について調べるためには，盲導犬の上位語である「働く犬」の下位語の犬を知る必要がある。

●高学年「注文の多い料理店」（東京書籍5年）
　文学的文章の構成や表現の工夫を見付けて，作品の良さを解説する文章を書く教材である。2人の紳士が，猟をするために山奥までやってきたが，獲物も捕れずもどる道も分からなくなり，お腹も空いてきた。西洋料理店があったので入ることにして，お客を迎えるような「注文」に誘われて次々と進んでいくが，やがて「たくさんの注文というのは，向こうがこっちへ注文している」と気付く。物語の展開を通して「注文」の意味が逆転する面白さを味わう教材である。日常生活での語彙の使い方も立場を明確にすることが重要であると考えさせる。

（鈴木一徳・依田雅枝・原田美智子）

4 授業づくり事例

第1学年 「ものの名まえ」（光村図書）

物の名前について考え，分かったことや面白いと思ったことを伝え合う

|資質・能力| 物を表す語には上位語と下位語のあることを知り，話や文章の中で使うことを通して語彙を豊かにすること（知識及び技能(1)オ）

|言語活動例| 事物の仕組みを説明した文章などを読み，分かったことや考えたことを述べる活動（言語活動例ア）及び尋ねたり応答したりして話し合う活動（言語活動例イ）

深い学びにつながる教材研究のポイント

　ここでは，一つ一つの物の名前（下位語）やそれらをまとめた名前（上位語）について学習する。教材文は，前半に買い物に行くという生活の例があり，後半は上位概念，下位概念についてまとめられ，子供にも分かりやすい構成である。また，おみせやさんごっこという活動では，言葉遊びの延長から言葉について興味・関心をもてると考えられる。「くだもの」，「さかな」という上位語とそこに属する一つ一つの下位語について理解した後，他にはどのような上位語・下位語があるかを考えていく。身の回りの言葉や普段使っている言葉，既習の言葉も，まとめてつけた名前（上位語）や，何か上位語の中の1つの名前（下位語）だったと気付くことで，「ことばって面白い」，「なるほど」と感じることが「深い学び」につながる。

学習過程のポイント

　ここでは，導入時に買い物袋の中に何が入っているかを想像し，1つずつ物を取り出したり，全部袋に入れて何というかを尋ねたりしながら，上位語・下位語についての学習を始める。

1　単元の指導計画（全7時間）

1　第1次　課題設定と学習の見通し	2　第2次　課題追究　おみせやさんごっこに向けて準備をする
①学習課題を意識し，学習の見通しをもつ。 ○買い物袋にりんご，みかん，バナナなどの果物を準備する。 ・子供たちに，何が入っているかを問い興味をもたせる。 ○物の名前には一つ一つの名前と，それらをまとめた言い方があることに興味をもつ。 ○『ものの名まえ』の全文を音読し，分かったことを発表し合う。 ○何をどのような手順で学習するか，見通しをもつ。　　　　　　　　　　　（本時）	②③『ものの名まえ』を読み，上位語と下位語について考える。 ○全文を「はじめ」，「中」，「おわり」の3つに分け，「このおみせは，なにやさんでしょう」（はじめ）「おじさんは，なぜ『わからないよ。』といったのでしょう。」（中）について考える。 ○「おわり」から，分かったことを伝え合う。 ○「くだもの」や「さかな」以外の上位語，下位語についても理解を深める。

2 指導目標

・身近な物を表す語句の量を増やし,話や文章の中で使うとともに,言葉には意味による語句のまとまりがあることに気付かせ,語彙を豊かにすることができるようにする。

(知識及び技能(1)オ)

・『ものの名まえ』を順序よく読み,内容の大体を理解することができる。また,おみせやさんごっこを通して,物の名前を集め,適切に使うことを通して,語彙の量を増やすことができる。

(思考力,判断力,表現力等Aウ,エ)

・物の名前を集めて仲間分けをしたり,おみせやさんごっこを行うために友達と話し合ったりして,積極的に学習に参加することができる。

(主体的に学習に取り組む態度)

3 評価規準

知識・技能	思考力・判断力・表現力等	主体的に学習に取り組む態度
○身近な物を表す下位語や,一つ一つの物をまとめて表す上位語について理解している。 ○上位語と下位語について考え,語彙を増やすことができている。	○文章を読み,分かったことを伝え合うことができている。 ○読んだり話したりして,上位語・下位語について考え,適切な使い方をしている。	○物の名前やおみせやさんごっこに興味をもち,進んで上位語・下位語を集めたり,話し合いに参加したりしている。

---

3 第3次 課題追究 おみせやさんごっこをし,質問したり,答えたりする	4 第4次 まとめ 学習の振り返り
④⑤物の名前を集めて仲間分けをし,おみせやさんごっこの準備をする。 ○「一つ一つの名まえ」(下位語)と「一つ一つのものをまとめてつけた名まえ」(上位語)の関係が分かるように,仲間分けの仕方を考える。 ○本や写真などを見ながら物の名前を集めて仲間分けをする。 ⑥買いたい物や売る物について,質問したり答えたりしておみせやさんごっこをする。 ○話し方や聞き方を工夫する。	⑦上位語と下位語について,学んだことを振り返り,整理する。 ○これまでの学習を振り返る。 ・『ものの名まえ』の文章を読んで,分かったことを振り返る。 ・物の名前を集め,仲間分けをしたプリントを振り返る。 ・おみせやさんごっこの経験で楽しかったことを発表する。 ○(発展学習)「じどう車くらべ」の文章で,上位語と下位語について考える。

授業の展開例（本時第1時／全7時間）

1　語彙の学習へ興味をもつ（10分）

「これから国語の勉強を始めます。」というあいさつを交わした後に，おもむろに買い物袋を掲げ，次のように問いかける。

T　先生は昨日スーパーに行って，買い物をしました。この袋の中には，何が入っていると思いますか。皆さんの好きなもので，体にもいいですよ。
C1　りんご。
C2　にんじんかな。
C3　肉も入っているかもしれないよ。
C4　たまごを買ったことがあるよ。
C5　体にいいのだから，ピーマンが入っていると思う。

買い物の経験を踏まえ，自由に発言させ，子供たちの反応を確かめる。

T　当たった人がいたよ。では，これから，何が入っていたか，皆で確かめようね。
C1　あっ，りんごだ。
C2　みかんだ。
C3　いちご，おいしそう。

教師は，袋の中にあるものを一つ一つ取り出し，はっきりと名前を言わせる。子供たちは，大はしゃぎである。こうして，袋の中のものを一つ一つ取り出した後で，また丁寧に，一つずつ袋の中に戻す。

そして，子供たちの顔を見ながら，「ちょっと難しい質問をするよ。」などと言うと，子供たちは一瞬身構えながらも，興味津々の顔をする。少し間を取った後で，買い物袋を掲げ，問いかける。

T　これらをまとめて，何と言いますか。
C1　食べ物。
C2　果物。
C3　フルーツとも言うよ。

教師は，「果物」という言葉を期待していたが，子供たちの反応はいろいろである。そこで，「りんご1つをとっても，りんごと言ったり，フルーツと言ったり，食べ物と言ったりするんだね。」と，驚くような様子を見せる。

2　教材文『ものの名まえ』を音読し，分かったことを話し合う（25分）

導入時，物の名前について学習することの方向付けをした後，「ものの名まえ」とゆっくりと板書する。

T　教科書の『ものの名まえ』を読んで，分かったことを発表しよう。それぞれ，何が書かれているかを考えながら，読んでみよう。

読み終わった後，次のように展開する。

C1　けんじさんは，夕方，お姉さんと買い物に行った。
C2　はじめのお店は，くだものやさんだ。
C3　さかなやさんのことも書いてある。
C4　さかなやさんに行って「さかなをください」と言ったら，おじさんから「さかなじゃわからないよ」と言われた。
C5　りんごや，みかんのほかに，「くだもの」という名前がある。

●指導のポイント

　説明の中心は「おわり」の部分にまとめられている。C5のように反応できる子供はそう多くはない。導入段階で物の名前に興味をもたせているので，買い物袋のことと関連付けて発表する子供も想定できる。しかし，ここでは，文章から分かったことであれば何でも受け入れる。『ものの名まえ』に書かれている順序に沿って，何度も繰り返し音読をさせ，自分が興味をもったこと，分かったことなどを自由に発表させる。そして，「はじめ（のおみせ）」，「つぎに」などの言葉に注意させながら，板書のように整理する。

3　本時の学習を振り返り，単元全体の学習の見通しをもつ（10分）

　1年生では，教師の方でリードしながらタイミングよく進めないと，かえって混乱させることになりかねない。そこで，「今日の勉強をまとめてみよう。」とはじめに，買い物袋をもう一度見せる。

〈板書例〉

T　この袋の中に何が入っているかを想像したよね。みんなで当てっこした理由がか分かるかな。
C1　物には，一つ一つの名前のほかに，まとめていう言葉があるということ。
C2　くだものやさんのことが書いてあった。

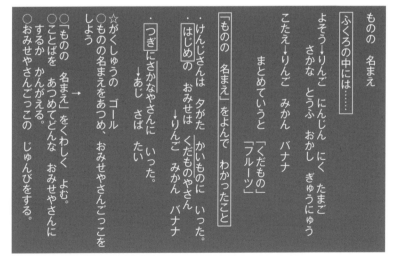

　このような反応を引き出しながら，学習のゴールは，「ものの名まえをあつめ，おみせやさんごっこをしよう。」と決める。そして，板書例のように進め，学習の見通しをもたせる。

授業づくりのポイント

1　学習への興味を喚起し，課題意識をもたせる

　低学年の指導では，特に導入の指導が重要である。教師は，演技者にならなければならない。
　単元の導入は，単元のねらいに直結するようなものでなければならない。本単元のねらいは，物には個々の名前と，それらをまとめた名前があるということに気付かせることにある。個々の名前を下位語，それらをまとめた名前が上位語である。上位語と下位語の関係を，日常の生活の中で考えさせ，語彙を増やすことがねらいである。
　買い物袋を用意し，その中にりんご，みかん，バナナなどを入れておく。実際には，買い物袋の中を当てるという単純な活動であるが，子供たちが，新しい単元で，どんな学習をするかに興味や疑問をもち，学習への期待感をもたせるうえで効果がある。

2　日常生活の経験を大事にする

　「先生は，昨日，スーパーに行って，買い物をしたんだよ。スーパーには，いろいろなものがあるね。皆さんもお家の人と行ったことがあるでしょう。」などと，日常生活とつなぐ。買い物袋から，一つ一つ取り出すことでりんご，みかんなどの名前（下位語）をはっきりと言わせる。「では，もう一度，買い物袋に入れるね。」と言い，一つ一つを，丁寧に袋に入れ，最後に「まとめて，何と言いますか。」と聞く。一瞬静まり，手が挙がるまでに間があるが，この間を大事にすることが，「深い学び」につながる。
　生活科の学習と関連付けながら，地域にあるお店を訪ねて行った経験を，授業づくりに生かすのも工夫である。

3　発展学習として，読解教材の中で上位語と下位語の関係について考える

　既習の読解教材『じどう車くらべ』の文章では，上位語と下位語が，「じどう車」（上位語）と「バス」，「じょうよう車」，「トラック」，「クレーン車」（下位語）として見られる。また，本文以外の例に，「はし

ご車」も下位語の一つとして挙げられている。すでに学習が済んでいるので，子供たちは，説明されている内容については理解している。
　こうして上位語と下位語の関係として整理すると，文章の簡単な組み立てについての理解にもつながる。
　既習の読解教材だけでなく，例えばその後に学習する『どうぶつの赤ちゃん』でも同様に考えさせることができる。「どうぶつ（の赤ちゃん）」（上位語）と「ライオン（の赤ちゃん）」や「しまうま（の赤ちゃん）」（下位語）である。

評価のポイント

1　学習に意欲的に取り組むことができたか

　学習に興味をもち，意欲的に取り組む態度を育てることが重要である。特に，語彙指導の場合は，単調な学習になりやすいため，導入時の工夫だけでなく，ワークシートなどの作業学習も工夫が求められる。単元の導入時に，買い物袋に入れた果物などの実物を用いた指導を行ったが，低学年では，実物を示しただけで興味をもつものである。袋の中の物を言い当てるという活動では，身を乗り出すようにして発言を求める。子供たちの活動の様子を観察するだけで，子供たちが興味をもって学習に取り組んでいるかどうかを評価できる。また，仲間分けをするワークシートの作業学習の結果を調べたり，おみせやさんごっこにおける子供たちの作業や話し合いの様子を観察したりして評価することが可能である。

2　説明的文章を読む過程で，語彙の量を増やすことができたか

　『ものの名まえ』の教材では，説明内容そのものが上位語と下位語に関するものなので，教材の理解がそのまま語彙の獲得につながる。

　教材の「はじめ」の部分では，「はじめの……かいました。」（p.66 L3～L6）と，一つ一つの名前を挙げ，「この……でしょう。」（p.67 L1～L2）で結ばれている。つまり，下位語を一つ一つ挙げ，それらを売っているのは何屋さん（上位語）かを問うという展開である。「はじめ」の部分では，個別の名前（下位語）の他に，「くだもの」とまとめていった言葉（上位語）のあることに気付かせる。この気付きが，語彙を増やすきっかけとなる。

　「つぎ」の部分では，「おじさんは，……いったのでしょう。」（p.68 L3～L4）に的確に答えることができれば，それぞれの魚に付けられた個別の名前（下位語）の必要性を理解しているものとみることができる。

3　身近な生活の中で，獲得した語彙を使うことができているか

　語彙を知識として獲得するだけでなく，獲得した語彙を，日常の生活の中で使えることを目指すことが大事である。おみせやさんごっこを楽しみながら，一つ一つの個別の名前を確かめるとともに，それらをまとめた名前があることを，疑似体験を通して認識させる。家族で近くのおみせやさんに買い物に行き，学習したことを話題にすることができれば，学習の成果が生かされたことになる。もちろん，話題にしなければ生かされた学習ではないというわけではない。童話を読んだり，事物を説明した文章などを読んだりした時に，人間や動物，いろいろな種類の物の名前などに関心が高まっているかどうかが，評価のポイントである。

（秋山　希）

第5章　読解の基礎力をはぐくむ授業づくり

第3学年 「もうどう犬の訓練」（東京書籍）

大事な言葉や文を見付けながら文章を読み，伝えたいことに合わせて，書かれていることを要約する

資質・能力 目的を意識して，中心となる語や文を見付けて要約すること（C読むことウ）

言語活動例 記録や報告などの文章を読み，文章の一部を引用して，分かったことや考えたことを説明したり，意見を述べたりする活動（言語活動例ア）
学校図書館などを利用し，事典や図鑑などから情報を得て，分かったことなどをまとめて説明する活動（言語活動例ウ）

深い学びにつながる教材研究のポイント

　最初に，学習のモデルである「働く犬」のリーフレットを見せ，子供に学習の目的と期待感をもたせる。これが，学習の原動力になる。そのリーフレットは，「基の文章（図鑑など）」と比べ，量が約半分になるようにする。また，それは，伝えたい内容の中心となる語や文を網羅していることと，伝えたいことがよく伝わることが重要である。

　子供たちは，リーフレットを作るために，これらと同じ観点で「もうどう犬の訓練」を読む。指導者は，教材研究の段階で，本文の中心となる語や文をチェックすること，例はなくてもよいこと，主語に注意し文章の語順を考えてつなぐことの観点から教材研究をする。これらの観点は，リーフレット作成時や作成後の交流，学習の振り返り時にも生かされ，「深い学び」につながる。

学習過程のポイント

　導入時に，指導者作成の「働く犬」のリーフレットを見せ，この学習についての意欲を喚起し，いろいろな「働く犬」の本の多読から始める（「働く犬の本」ブックリストがあるとよい）。

1　単元の指導計画（全12時間）

1　第1次　課題設定「要約」とそのよさの理解	2　第2次〈1〉　要約しながら読む
⓪モデルである「働く犬」のリーフレットを読み，この学習についての意欲を喚起し，「働く犬」の本の多読をする。（本・付箋・ブックリストを使用）リーフレットと実際の図鑑の文章とを比較させ，「要約」は，伝えたいことに合わせて，文章を中心となる語や文を基にまとめることだと理解する。 ①全文を通読し，はじめ①・中②③④⑤・おわり⑥の構成でできていることを知る。各段落をキーワードでラベリングする。	②もうどう犬の「人を安全に導く訓練」（③）について伝えたいという内容を確認し，④の文章を読む。伝えたいことに合わせて要約する場所を選ぶということを理解する。改めて，③の文章を読み，全体で要約する。（Ⅰ大事な言葉や文を取り出す。Ⅱ例の削除をする。Ⅲ主語に気を付けて，語順を考えて文章化する。）　　　　　　　　　（本時） ③④②「人の言うことに従う訓練」・④「盲導犬にふさわしい心構え」を選んで要約する。

2　指導目標

・比較や分類の仕方や，必要な語句などの書き留め方，引用の仕方や出典の示し方，辞書や事典の使い方を理解して使うことができるようにする。

（知識及び技能(2)イ）

・目的を意識して，中心となる語や文を見付けて要約したり，読んで理解したことについて，感想や考えをもったりできるようにする。

（思考力，判断力，表現力等Cウ，オ）

・文章を要約してリーフレットを作ったり，作成したリーフレットを基に友達と交流しようとしたりしている。

（主体的に学習に取り組む態度）

3　評価規準

知識・技能	思考力・判断力・表現力等	主体的に学習に取り組む態度
○要約は，「大事な言葉や文を取り出す。」，「例の削除をする。」，「主語に気を付けて，語順を考えて文章化する。」ということを理解している。	○自分の伝えたいことに合わせ，大事な言葉や文を取り出し，例の削除をし，主語に気を付けて，語順を考えて要約をしている。	○「働く犬」について読んで，自分の心が動いたことを伝えるために，文章を要約してリーフレットを作ったり，作成したリーフレットを基に，友達と感想を交流しようとしたりしている。

3　第2次〈2〉　要約しながら読む（自分が紹介したい「働く犬」について伝えたいこと）	4　第3次　要約した文章を使って自分の伝えたいことに合わせたリーフレットの作成・交流・学習の振り返りをする
⑤自分の選んだ「働く犬」の本の文章から，「働く犬」と「自分がリーフレットで伝えたいこと」を確認する。 ⑥選んだ文章を，次のプロセスで200文字程度に要約する。Ⅰ大事な言葉や文を取り出す。Ⅱ例の削除をする。Ⅲ主語に気を付けて，語順を考えて文章化する。 ⑦要約文を，同じ犬を選んだ者同士で，上記の観点で批正し合う。	⑧⑨要約文を確定し，リーフレットを作成する。 ⑩友達のリーフレットを読む。友達のリーフレットを読んで，分かったことに基づいて，感想や考えを交流する。 ⑪3つの観点で書き言葉の感想を交流する。 ⑫この学習を通して分かったこと・できたことや，考えたこと・感じたこと，次に生かしたいことなど，学習の振り返りをする。

授業の展開例（本時第２時／全12時間）

1　前時の学習を振り返る（5分）
前時の「はじめ①・中②③④⑤・おわり⑥」の構成を，文章構成図で可視化して確認する。それぞれのまとまりのラベルの言葉も確認する。

- **C1**　「働く犬」で，自分の心の動いたことをリーフレットにして，クラスのみんなに教えるんだよ。
- **C2**　「もうどう犬の訓練」で，どうやってリーフレットにするのか考えるんだよね。
- **C3**　③は，「人を安全に導く訓練」について書いてあるんだったね。

2　学習課題をつかむ（25分）
伝えたいこととは違う文章を提示する。その差異から，「伝えたい内容に合わせて要約する」ということを実感する。伝えたい内容が伝わるように分量を半分にするということを確認する。そして，パッと見て分かる「要約」のよさを実感する。そして，③の文章の要約を一緒にする（Ⅰ大事な言葉や文を取り出す。Ⅱ例の削除をする。Ⅲ主語に気を付けて，語順を考えて文章化する）。

- **C1**　もうどう犬の「人を安全に導く訓練」について伝えたいと言っているんだから，②じゃなくて③の文章だよ。③のところを要約しよう。でも，どうやって要約するのかな？

> 学習課題　伝えたいことを伝えるには，どうやって要約したらよいのかな？

- **C2**　短くするって言っても，絶対に削れない言葉があるよ。（Ⅰ大事な言葉や文を取り出す。）
- **C3**　「例」は，いっぱい書ける時はあってもいいけれど，文字数が限られている時は，カットした方がいいね。（Ⅱ例の削除をする。）
- **C4**　「ハーネス」っていう言葉は説明しないと分からないよ。でも，「ハーネスをつける」だと，犬が主語なのに，変だから，「ハーネスをつけられる」に変えよう。（Ⅲ主語に気を付けて，語順を考えて文章化する。）

●指導のポイント

モデルである指導者作成の「働く犬」のリーフレットと，その基になった図鑑の言葉とを比較し，要約のよさを，「パッと見て分かる」，「伝えたいことが分かりやすい」などの言葉でまとめる。「よさ」を感じることが，「要約」を次に汎用したいという動機となる。

③の文章を要約する際に，残す言葉や文は，赤い傍線で示したり，例は，二重線で消したり，語順を入れ替える場合は矢印を使うなどして，本文の要約跡を可視化する。これが，次に，自

分の選んだ文章を要約する際の助けとなる。

3 要約のやり方をまとめ，学習を振り返る（15分）

次に，子供が使えるように，一緒に要約した過程を言語化する。要約についての見通しをもつ。

C1 こうやって要約するんだね。「Ⅰ 大事な言葉や文を見付ける。Ⅱ 例をカットする。Ⅲ 主語に気を付けて言い換える。」ってことだね。

C2 今日の学習では，どうやって要約するのかよく分かったよ。今度は，自分でやってみたいな。早く自分の選んだ「働く犬」でリーフレットを作りたい!!

●指導のポイント

汎用的な資質・能力として機能させるためには，子供がいつでもそれを状況に合わせて取り出して使えるようにしておくことが大事である。指導者が用意した言葉ではなく，子供の言葉の中から，よりその知識・技能にぴったりの言葉でラベリングすることが重要である。それは，子供が自分で要約する時も，また，自分の選んだ「働く犬」で要約する時も，それ以外の国語の学習でも，他教科・領域でも，そのラベリングした言葉で使用していくことになる。

必ず，学習のまとめの後には，この学習で「分かったこと・できたこと（知識・技能）」や「思ったこと・考えたこと・感じたこと（思考力・判断力・表現力等）」や「これから・友だちのこと（主体的な態度）」などについて振り返る。不慣れならば，最初は，振り返りの観点を与えてもよい。振り返ることによって，子供はそれを認識し学習ツールとして使うようになる。

〈板書例〉

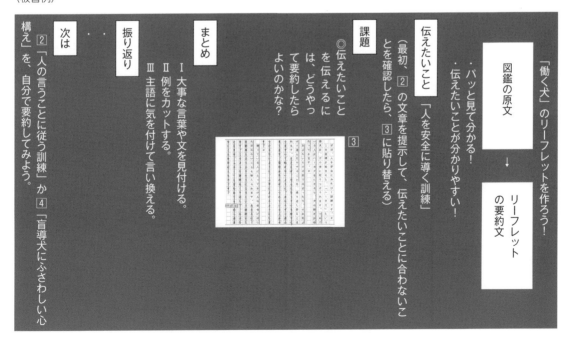

授業づくりのポイント

1 子供にゴールのイメージを抱かせる

子供は、「こんなものを作りたい」という具体的な表現物を見て、これを読みたい‼ 要約してみたい‼と思うのである。右のような魅力的な「働く犬」のリーフレットを作る必要がある。

2 子供に伝えたい内容をもたせる

リーフレットは、形である。この中に盛り込むのは、自分の心が動いた「働く犬」とその犬について自分が知った「事実」や、友達に伝えたくてたまらなくなった「事実」である。

これは、自分の内側で漠然と感じる「よさ」である。この「よさ」をつかまえ、人に伝えるためという思いをもつには、「働く犬」の本の多読が不可欠である。読んだ本を確認するブックリストがあり、同じ本があっても、学級人数の倍くらいの量の本を用意できたら、なおよい。

そして、それを留めるためには、付箋を使い、後から、自分の心の動いた「働く犬」をすぐに探し出せることが大事である。大勢で多読する時は、ブックリストに読んだ本をチェックしながら、自分の付箋を1枚だけ使い、次の本を読んだ時、前の本と比べてより心が動けば付箋を移す方法を進める。たくさん付箋を貼って、そこから選ぶ方法は、中学年には、少し難しい。

3 要約の「よさ」を実感させる

「『要約』を教えます。」と言って、要約の方法だけを教えてしまう授業がある。もしくは、「要約しましょう。」という授業。それは、「要約」という素晴らしい道具を、どこでどう使ったらよいのか分からず、新品のまま使わずに大事にもっているのと同じである。

リーフレットという表現物がもっている「文字数を減らす」（今回の学習では、分量を2分の1程度にする）という機能を通して、子供に要約することのよさを「パッと分かる」と実感させる。「よさ」を感じるから、また、別の状況でも「要約」を使おうと考えるのである。できれば、パンフレットや、ポップや、コピーなどの、要約のよさを実感できる表現物をいろいろと用意して、見せてやれるとよい。

また、この要約の過程で、第2次の後半で、「不十分な要約」では、伝えたいことが伝わらないということを実感させる必要もある。

評価のポイント

1 子供の要約が適切であったかどうか

　子供の成果物であるところの「リーフレット」の「要約部分」について評価する。「原文の半分程度」の要約になっているかどうか。大事な語や文の漏れや落ちがないか。主語のねじれや，言い換えの文章の整合がとれているかどうか。これらの観点を子供に挙げさせ，子供の言葉で「要約評価カード」を作成することもよいだろう。また，それを基に，自己評価・相互評価するのも，「要約の知識・技能」を方略的に使う，次の力になる。

　百科事典や図鑑を目次や索引を使って調べている様子も，よく見ていきたいものである。そして，「目次で調べている友達がいるよ。」と言語化し学級に広げていくことも重要である。

　「また」や「さらに」などのつなぎ言葉を，伝えたいことが伝わるように使用できた場合も同様である。ぜひ，文脈に合わせて取り上げ，広げていきたいものである。

2 要約という知識・技能を，どういう場合に，どのように使えばよいのかを理解して，そのよさを実感して使おうとしているか

　まず，要約したくなる「内容」をもつことが，「どういう場合に要約をするのか」のスタートである。子供個人のブックリストや付箋やメモ等の多読の様子や，そこで要約に使用し，取り出された「文章」の中の線を引いた言葉や文・削除された文の様子から，要約で使用したい語彙を選んでいることが分かる。次に，上記1のように，要約の知識・技能についての自己評価をする。最後に，成果物であるところの，「リーフレット」から，互いの「要約のよさ」を交流する。自他の「要約のよさ」を基に，学習を振り返り，要約という知識・技能，その要約の仕方についての思考・表現，これからも使えそうな汎用的な資質・能力かどうかなどを記述全体から評価する。

3 要約を他の状況で使おうとしているかどうか

　要約しながら読むことは，最初のうちは，ただ読むだけならば不要である。要約は，端的に伝えたい時に機能する力である。そのことを理解し，例えば，総合的な学習の時間で「ふるさとのPRパンフレット」を作りたい時や，学級活動で「○○小学校の児童会祭りの店紹介」をしたい時などにおいて，この資質・能力を使用する。この時に，意識的にこの国語科での学びを想起させる。最初のうちは，指導者が，こういう時に要約という力が生きるということを提案するのもよい。また，その力を発揮していたら，それを価値付け，学級内に広げていく。

　そうすることにより，「伝えたいことに合っている中心となる語や文をひろいながら読む」という要約しながら読んでいくような日常の力となっていく。

（西川敦子）

第5学年　「注文の多い料理店」（東京書籍）

作者が仕組んだ「面白さの仕掛け」を見付けて，ポスターに表そう

資質・能力　人物像や物語などの全体像を具体的に想像したり，表現の効果を考えたりすること（C 読むことエ）

言語活動例　詩や物語，伝記などを読み，内容を説明したり，自分の生き方などについて考えたことを伝え合ったりする活動（言語活動例イ）

深い学びにつながる教材研究のポイント

　狩りをしようと山に入った2人の紳士が西洋料理店で，山猫の用意した7枚の扉を次々と開け，奥へと入っていくこの作品の面白さは，山猫が扉に書いた注文とそれに対する紳士の言動にある。扉に書かれた注文の言葉に散見される「尊敬や丁寧を表す接頭語」の存在が西洋料理店に気品をもたらし，紳士に高級料理店だと信じさせる仕掛けとなっている。また，2人の紳士の言動に着目させることによって，その人柄や性格などの人物像をつかませることができる。自分が読み取った人物像を表すのに適切な言葉を見付けるために類語辞典を使わせる。ニュアンスが微妙に違う類語の中から人物像にぴったりな言葉を見付ける活動を仕組むことで，たくさんの言葉と出合わせ，子供の語彙を量・質ともに豊かにしていくことができる。また，宮沢賢治作品に多用されるオノマトペ（擬音語・擬態語）も面白さの仕掛けの1つと捉え，使用語彙を増やしていく。

学習過程のポイント

1　単元の指導計画（全12時間）

1　第1次　課題設定と学習の見通し	2　第2次〈1〉　課題追究　面白さの仕掛けを読む
①題名のみ示し「注文」，「多い」，「料理店」の3つの言葉それぞれから受けるイメージを考え，発表する。 ②全文を読み，誰が誰に対する「注文」であったか話し合い，この作品の面白さについて共有する。 ③宮沢賢治が作品に散りばめた「面白さを感じさせるための仕掛け」，「登場人物の紹介（人物像）」を見付けながら読み，ポスターにまとめようという読みの目的を共有する。	④設定（時・人・場所）を読む。 ⑤2人の紳士の人物像を持ち物，言葉遣い，服装，行動などの叙述から読み取る。叙述から考えた人柄や性格，考え方を表すのにぴったりな言葉を類語辞典から見付け発表し合う。　　　　　　　　　　（本時） ⑥「7枚の扉に書かれた13の言葉」を順番に並べ替えることでその内容に着目し「店内への案内」→「食材の準備」→「味つけ」の3つに仲間分けできることや内容が徐々に変化していることに気付く。

2 指導目標

・登場人物の性格や考え方を表す叙述から人物像を想像し,語彙を豊かにすることができるようにする。

(知識及び技能(1)オ)

・扉に書かれた言葉と紳士の言動を比べながら,作品の面白さを読み取ることができるようにする。

(思考力,判断力,表現力等Cイ,エ,オ)

・登場人物の人物像と扉に書かれた言葉に着目することによって作品の面白さに気付き,自分の選んだ作品に,その面白さを探しながら読もうとしている。

(主体的に学習に取り組む態度)

3 評価規準

知識・技能	思考力・判断力・表現力等	主体的に学習に取り組む態度
○読み取った登場人物「紳士」の人物像を表すのに適合した言葉を類語辞典から探すことができている。 ○扉に書かれた言葉の特徴（接頭語・オノマトペ）に気付き,その効果を理解することができている。	○扉に書かれた注文の内容に着目し,分類することができている。 ○扉に書かれた注文と紳士の言動を対比させながら読むことができている。	○作者が作品の中に仕組んだ「面白さ」の観点を活用して自分が選んだ宮沢賢治作品を読むことを楽しもうとしている。

3 第2次〈2〉 課題追究 面白さの仕掛けを読む	4 第3次 まとめ・発展 自分が読んだ本で,面白さを伝えるポスターを書く
⑦山猫が扉に書いた言葉と紳士の会話文を比較し,扉に書かれた言葉が丁寧な感じがすることに気付き,それはどの言葉からそう感じるのかを考える。「お気の毒」,「お待たせ」などの接頭語が丁寧で尊敬を表すことを理解する。 ⑧オノマトペ（擬音語・擬態語）を隠した文章を提示することで,オノマトペを付けることによって生まれる効果に気付く。	⑨⑩⑪自分が選んだ宮沢賢治の作品から,単元で学んだ面白さの仕掛けを基に書く内容を決め,ポスターに表す。 ⑫宮沢賢治の作品の面白さについて,単元の振り返りを書く。

授業の展開例（本時第5時／全12時間）

1　前時で読み取った設定を想起する（3分）

　前時では，この作品の設定を読み取っている。時・人・場所のうち，「人（登場人物）」についてもう少し詳しく読み，自分が紹介する本でも，今日学んだことを生かして登場人物を紹介しようと学びの目的を共有する。

C1　時について，季節は秋，「みのぼうし」をかぶる人が出てくるので，平成よりも昔の話です。

C2　人は，2人の紳士，山猫，専門のりょう師です。

C3　場所は，東京から離れた，かなりの山おくです。

2　学習課題　2人の紳士の人物像を表す叙述を探す（20分）

> 学習課題　2人の紳士は，どんな人か読み取ろう。

　本文中に散りばめられた人物像を表す叙述に線を引き，ノートに記述する。性別・年齢・身分・趣味・身体的な特徴・性格・考え方など，人物像を読むための観点を示すことによって，登場人物の言動に着目して読ませていくことができる。（下線部は引用箇所）

C1　わたしは<u>イギリスの兵隊の形を</u>して，<u>ぴかぴかする鉄ぽうを</u>かついでいると書いてあるから，お金持ちだと思います。

C2　今の意見に付け足しで，<u>白くまのような犬を二ひき連れている</u>と書いてあるということは，動物を鉄ぽうで撃つという趣味のために，大きな犬をもっているということだからお金持ちだと思います。

C3　<u>しかの黄色な横っぱらなんぞに……どたっとたおれるだろうねえ</u>，の文から，動物を撃つことを楽しんで，動物の命をゲームみたいに思っている人たちだと思います。

C4　わたしも動物の命なんて，どうでもいいと思っている，ひどい人たちだと思います。白くまのような犬が二ひき死んでしまった時，「実にぼくは，二千四百円の損害だ。」などと言って，自分の連れてきた犬のことなのに悲しんでいないから，そう思いました。

●指導のポイント

　叙述に散見される紳士の人物像を表す言葉から，2人の紳士の外見や性格を想像させることができる。すでに提示した人物像を読むための観点ごと（身分・性格・考え方など）に分けて板書することにより，根拠となる叙述は違っても，同じような性格を様々な叙述で表していることに気付かせる。また，子供が見付けた叙述を関連付けて想像させることによって，紳士たちの傲慢で身勝手な都会の金持ちという人物像を捉えさせていく。

3　類語辞典で人物像を表現するのに適合した言葉を調べる（25分）

> 学習課題　2人の紳士の特徴を表すのにぴったりな言葉を探そう。

●指導のポイント

　2人の紳士の人物像を表現するのにぴったりな言葉を探すために子供向けの類語辞典を一人1冊ずつもたせる。ポスターに表すには，短い言葉で人物像を表現しなければならないという必要感をもたせ，類語辞典を活用して調べさせることにより，すでに知っている言葉の幅を広げ，語彙の量を増やすことを目指す。

　まず，ひどい人という人物像を表すのにぴったりな言葉を探そうと働きかける。子供は，類語を探す過程で自分が描いている紳士像に適合する言葉「冷酷」と「無情」などの複数の言葉を探し出す。それらのうち，どの言葉がより適合しているのか迷う場合には，見付けた複数の言葉を国語辞典で調べ，人物像にぴったり合う言葉を1つ選び出す。その1つの言葉をグループの友達と紹介し合うことによって，さらに自分の知らない言葉と出合って語彙を増したり，友達が読み取った人物像と選んだ言葉との整合を熟考させたりすることをねらう。

〈板書例〉

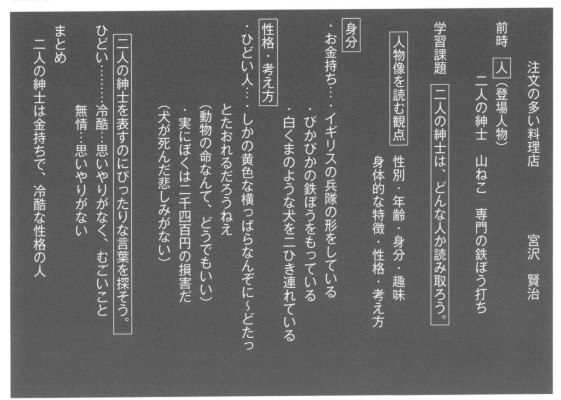

授業づくりのポイント

1　語彙を増やすために類語辞典を活用する

　子供が日常生活で使用している「使用語彙」ではなく，自分で使うことはなくても聞いたり読んだりした時に理解できる「理解語彙」を増やすことを目指した本時である。日常生活で聞き慣れない言葉だからこそ，意図的に出合う場を工夫したい。そこで児童用類語辞典を子供に１冊ずつ持たせ活用させる。子供が本文中の叙述から描いた人物像のイメージに適合する言葉と出合わせたい。可能であれば学級に人数分を常備したいところだが，図書館に１クラスの人数分の冊数を揃え，詩や俳句の創作や作文を書く時に，子供の手元に置かせたい。

2　抽象語を基に本文を再度読み返すことによって人物像をより豊かに想像する

　子供が選んだ人物像として類語辞典から選んだ「冷酷」などの言葉は抽象語である。そこで，選んだその抽象語「冷酷」のイメージは，他の叙述にも見られるのではないかと，再度本文を読み返させる。子供は「冷酷」な雰囲気を感じさせる今まで気付かなかった言葉「一ぴきもいやがらん」「犬のまぶたをちょっと見返して」等に気付き始める。子供が当初人物像を表す言葉「ひどい人」よりも「冷酷」という言葉を充てたことで意味が狭まり，よりシャープに人物像を想像できるようになったからだと考える。ぼんやりしていた紳士の人物像がより鮮明になることで，他の叙述にも「冷酷」な感じをもつ語の存在に気付き始めるのである。子供が見付けた複数の「冷酷」を表す言葉や文章を関係付けて考え，２人の紳士の人物像を豊かに読み取らせたい。

3　面白さの仕掛けを探すことによって語彙を獲得し，学習用語を増やす

　作者が仕組んだ「面白さの仕掛け」を見付けてポスターに表そうと単元のゴールを設定することによって，子供が目的をもって読む姿を目指す。面白さの仕掛けとして宮沢賢治作品に多く見られる「接頭語が付くことによる丁寧な言葉遣い」，「オノマトペ」を取り上げる。扉に書かれた文章がなぜ丁寧さを感じるのか，どの語がそれを感じさせているのかを見付けさせたい。そのために，扉に書かれた丁寧な言葉遣いとそれに対する紳士の会話におけるぶっきらぼうな言葉遣いとを比較させることによって，その丁寧な言葉遣いに気付かせていく。「お気の毒」，「お客様がた」など，接頭語「お」の存在がその丁寧さを感じさせていることに子供が気付いたら「接頭語」とラベリングして意識付ける。また，「どうっと」，「ざわざわ」など作品中に数多く見られるオノマトペを取り上げる。オノマトペのない文とある文，接頭語のない文とある文とを比較させることで，そのよさや作品に与える効果に気付かせたい。

評価のポイント

1　紳士の人物像を表すのに適した言葉を類語辞典から探すことができたか

　「ひどい」という言葉は複数の意味をもつ多義語であるのに，子供は紳士の人物像を「ひどい人」と捉えればそれで満足してしまう。子供がもっている「ひどい」のイメージは，ぼんやりとしていて不鮮明である。類語辞典を使って類語を探す活動を仕組むのは「ひどい」を他の言葉に言い換えさせることによって，そのイメージを鮮明にすることをねらっている。そこで，子供が自分のイメージに合う言葉を類語辞典から探すことができたかどうかを見取る。ノートに探し出した類語と，なぜその類語を選んだのかの理由を書かせることによって，自分のイメージと整合のとれた類語を探したかを評価することができる。類語辞典から「残酷」や「冷酷」を選んだ子供が，叙述の「しかの黄色な横っぱらなんぞに，二，三発お見まい申したら，ずいぶん痛快だろうねえ。」という叙述などと結び付け，その類語を選んだ理由を書いていれば，より鮮明に自分のイメージをもつことができたと見てよいだろう。

2　扉に書かれた言葉と紳士の会話文を比べて読み，作品の面白さを読み取ることができたか

　扉に書かれた山ねこの言葉は，とても丁寧なのに対し，紳士の会話は何ともぶっきらぼうに描かれている。丁寧さがゆえに紳士たちは何の疑いもなく高級料理店だと信じ込んでいるところが，この作品の面白さとなっている。宮沢賢治作品の特徴の一つである「丁寧な言葉遣い」を紳士のぶっきらぼうな会話と対比させることによって，その丁寧さが一層際立つ仕掛けになっている。7枚の扉に書かれた言葉に着目し，その特徴に気付けたかどうかを評価する。扉に書かれた言葉群と紳士の会話文群とに分けた板書を見ながら，その相違点を丁寧さの観点で読み取ることができたかをノートの記述や発言などから見取っていく。

3　類語辞典で見付けた抽象語を基に本文を再度読み返すことによって，人物像を表す他の叙述に気付いたか

　類語辞典から選んだ，紳士の人物像をイメージする言葉「冷酷」を基に，再度本文を読み返させる。すると今まで気付かなかった「冷酷」を表す言葉が他にもあることに気付く。見付けた抽象語である「冷酷」の意味を考えながら読み直すことによって，他の叙述にも同じ意味をもつ文章や言葉があることに気付かせることができる。子供が「冷酷」の意味と他の叙述を関係付けて読んでいるかどうかを評価する。「冷酷」が感じられる叙述に線を引かせ，なぜ線を引いたのか理由をノートに記述させることによって，抽出語の意味と叙述を関係付けて読みを深めているかを評価したい。

（山田綾子）

【編者紹介】

全国小学校国語研究所（ぜんこくしょうがっこうこくごけんきゅうじょ）

全国小学校国語教育研究会の付属機関として，平成20年10月に設立。初代名誉顧問瀬川栄志，初代所長新井哲雄が就任。2代目能瀬外喜雄，現在3代目蛭田正朝。全国小学校国語教育研究会の顧問・参与を主体とする19名が所員，18名が全国研究協力委員として活動。定例会を開き，研究主題に基づき，継続的に研究を深めている。本書は，研究所の所員によって共同で研究し，平成29年版学習指導要領の趣旨に沿ってまとめたものである。編集委員長の福原忠所員を中心とした編集委員会を組織し，本書の企画書の作成や執筆者の選定等に携わった。

【執筆者紹介】（執筆順）

菊池　英慈（文部科学省初等中等教育局教育課程課教科調査官）
蛭田　正朝（所長）
水戸部修治（京都女子大学教授・前文部科学省初等中等教育局教育課程課教科調査官）
榊原　良子・阿部　澄子（所員）
柴山　憲司・武田　恭宗・垣内　成剛（所員）
成瀬マリ子（元東京都八王子市立清水小学校）・金成真衣子（東京都品川区立第三日野小学校）
岩崎　直哉（新潟県新潟市立大形小学校）・森本　隆史（奈良県香芝市立旭ケ丘小学校）
程野　純貴（北海道教育大学附属釧路小学校）
松澤　文人（福岡県朝倉郡筑前町教育委員会・全国研究協力委員）
福本　菊江・岡本　由美・佐藤　修（所員）
中川万智子（東京都日野市立滝合小学校）・原　淳二（山口県下松市立久保小学校）
謝花しのぶ（沖縄県名護市立大北小学校）・福原　忠（所員）
佐久間裕之（福島県福島市立森合小学校・全国研究協力委員）
吉本　清久（熊本県八代市立太田郷小学校・全国研究協力委員）
西岡　由郎（奈良佐保短期大学特任教授・全国研究協力委員）
山本　直子（埼玉県所沢市立南小学校）・飯田　薫（所員）
中嶋　真弓（愛知淑徳大学教授・全国研究協力委員）
鈴木　一徳・依田　雅枝・原田美智子（所員）
秋山　希（東京都北区立東十条小学校）・西川　敦子（新潟県新潟市立西幼稚園）
山田　綾子（新潟県新潟市立上所小学校）

小学校国語科　言葉による見方・考え方を働かせる「読むこと」の授業づくり
―思考力・想像力・基礎力をはぐくみ「深い学び」を実現する―

2019年9月初版第1刷刊　Ⓒ編　者　全国小学校国語研究所
　　　　　　　　　　　　発行者　藤　原　光　政
　　　　　　　　　　　　発行所　明治図書出版株式会社
　　　　　　　　　　　　　　　　http://www.meijitosho.co.jp
　　　　　　　　　　　（企画）木山麻衣子（校正）有海有理
　　　　　　　　　　　〒114-0023　東京都北区滝野川7-46-1
　　　　　　　　　　　振替00160-5-151318　電話03(5907)6702
　　　　　　　　　　　ご注文窓口　電話03(5907)6668
　＊検印省略　　　　　組版所　広　研　印　刷　株　式　会　社

本書の無断コピーは，著作権・出版権にふれます。ご注意ください。

Printed in Japan　　　　　ISBN978-4-18-294611-0
もれなくクーポンがもらえる！読者アンケートはこちらから